# Mund aus Glas
# am
# Rand aus Fleisch

*114 Gedichte*
*Schwarze Liebeslyrik.*

*Harald Birgfeld*

Harald Birgfeld, geb. in Rostock, lebt seit 2001 in 79423 Heitersheim. Von Hause aus Dipl.-Ingenieur, befasst er sich seit 1980 mit Lyrik. Im Verlag **ars nova** erschien von ihm der Gedichtband, 295 S., "Auf deiner Reise zum Rande im Rande des Randes der Sonne".
10 Gedichtbände sowie 2 Bücher in Prosa erschienen von ihm, in mindestens 23 Anthologien ist er vertreten. Harald Birgfeld schrieb seine Gedichte überwiegend während der Fahrten in der Hamburger S-Bahn zur und von der Arbeit.

Aus dem Gutachten, 1986, einer an der Universität Freiburg tätigen Literaturwissenschaftlerin:
"Es lohnt sich, einmal einen heutigen Dichter kennen zu lernen, der mit der deutschen Sprache einen faszinierend fremden Weg betritt und trotzdem dem Leser Freiraum lässt für eigene Gedankengänge, ohne dass die Probleme in erhobener Zeigefingermanier zu zeitkritischen Trampelpfaden werden."

Buchumschlag: Harald Birgfeld

Herausgeber, Autor, Redakteur: Harald Birgfeld.
e-mail: Harald.Birgfeld@t-online.de
Im Internet unter : www.Harald-Birgfeld.de

**Herstellung und Verlag:**
**Books on Demand GmbH, Norderstedt**
**ISBN 9783738604504**

## Inhaltsverzeichnis........................Seite

**Dein Glasmund brach, zerbrach,**
Ich hatte dich gewarnt:
Du hättest nicht
Das Trinkgefäß aus Fleisch
Zum Munde führen sollen.
So kam Leben an die Starre,
Glasmund brach am Fleischrand.
Die Gedichte, die du sprachst, verirrten sich
Und brachten dein Gefühl
Und deinen Trieb
In allergrößte Nähe.
Diese Spannung war nicht auszuhalten.

Deine Splitter, deine Scherben,
Schnitten ein
Und stachen tief.
In meinem Fleisch begaben sie sich
Auf die Wanderschaft und Suche nach dem Herzen.
Immer wieder fandst du einen neuen Weg
Und ließt nicht nach.
Du fandst auch nicht
Den Unterschied der Himmel,
Die sich auf uns stürzten.

Kinder, die uns sahen,
Malten ganz spontan
Und mit der größten Phantasie ein Schiff
Ein Schiff, das unter Wasser lag,
Es war schon halb verfallen.
Von den Kindern können wir,
Die an der Oberfläche schwimmen, lernen.

So jedoch, mit Splittern in der Kehle,
Ausgebrochnem Mund
Und einer irren Suche in der Dunkelheit
Nach der Lebendigkeit,
Ist jedes Kinderbeispiel
Ganz umsonst.

**Nur noch ein paar Stunden**,
Dann wirst du vom Abschied sprechen.
Du wirst kommen,
Um den Abschied festzuhalten,
Wirst mit Kamera und Teleobjektiv
Noch einmal deine Augen auf mich richten,
Nah wirst du mir sein,
Um fern von mir zu bleiben,
Alles wirst du von der Bank aus,
Unter dir, erledigen.
Dort sitzt du gut im Wissen,
Dass ich auf dich warten werde
Und auf unsren Abschied.
Keiner gab ihn zu,
Als er sich in uns stellte,
Einfach stattfand.
So hast du gesagt:
"Du darfst mit allem weiter zu mir kommen,
Wann du immer willst,
Es ist mir gleich, ob Tags, ob Nachts".

Und ich, der zu viel dachte
Und zu wenig sprach,
War zu erstaunt und wiederholte deine Worte:
"Tags und Nachts?
Was ist denn ausgeschlossen,
Wenn du alles einbeziehst.
Es bleibt für dich nichts nach.
Es ist doch immer Tag an einem Tag
Und Nacht in einer Nacht".

Ich dachte aber so bei mir:
'Sie drängt mich von sich fort
Und überlässt mich irgendwelchen Tagen,
Irgendwelchen Nächten.
Damit, denkt sie,
Hat sie weiter nichts zu tun,
Die sind ja immerfort bei jedermann,
Und wenn ich es ihm sage,
Wird er nicht mehr kommen'.
Heute wirst du also Abschied nehmen wollen.

Nimm ihn,
Denn du nimmst ihn nur von dir.
Von mir in dir
Kann ich mich noch nicht trennen.

---

**Als ich dich beschrieb,**
Und ich beschrieb dich ja für mich,
Weil ich dich grade kennen lernte,
Also, als ich dich für mich beschrieb
Und du,
Im Kleid aus grüner Farbe,
Weißer Haut und blonden Haaren,
Schnellen Augen vor mir standst,
Als ich dich so für mich beschrieb
Und sagte:
"Ja, so sieht sie aus,
Sie trägt die Haut ganz anders,
Als sie andre tragen,
Auch lässt sie den Augen
Einen andren freien Willen
Als du es von andren kennst,
Und ihre blonden Haare fliegen nicht davon,
Wie du es oft gesehen hast,
Sie sind ein Schwarm,
Der löst sich trotzdem nicht von ihr,
Sind ihrem Kopf vielmehr ein Nest,
In dem er gerne liegt",
Als ich das alles sah
Und in mir aufgenommen hatte,
Brachte dieser Windstoß,
Der den Spiegel unsres Wassers überlief,
Das Bild zum Einsturz,
Und ich musste mich ganz neu
An deiner Wahrheit orientieren,
Die stand neben mir.

---

**"Vergiss", sagst du,**
"Vergiss mich ganz".

Es ist das dritte Mal,
Dass wir vergeblich nun versuchen
Uns an uns zu koppeln.

Unsre Schlüssel passen nicht,
Und von uns beiden
Kommt so keiner zu dem anderen.

Wir treiben noch ein ganzes Stück im Raum,
Das heißt,
Der Raum treibt um uns her in alle Richtungen,
Wir bleiben voreinander stehen,
Können uns nur durch die Augen
In die Augen sehen.

Unsre Hände liegen als die Hände kleiner Kinder
Ineinander;
Unsre Köpfe wagen sich in hastiger Gesprächigkeit
In größte Nähe.

Selbst die Haare haken sich schon
Ineinander.

So verlangst du,
Und du sprichst mit Worten,
Die sind weniger als eine Zeichensprache,
So verlangst du,
Dass ich dich vergesse.

„Und", so frage ich zurück,
"Was mache ich mit dir,
Wenn ich dich dann vergessen habe,
Und du mir als Dauerstrandgut
Vor die Füße treibst
Und dich auf diese Weise von mir sammeln lässt"?

**Schon im ersten Atemzug**
Verhakten sich die Augen ineinander,
Niemand konnte helfen.

Jemand sagte nur:
"Da, an den beiden seht ihrs wieder,
Und sie selber sehen nichts
Und sind verhakt mit ihren Augen.
Blind sind sie dadurch
Und sehen nur auf sich.

Es könnte sich....
Hat sich vielleicht schon zwischen sie
Die neue Sicht geschoben,
Und die bleibt bei ihnen,
Bleibt in Blicke eingesperrt und ausgesperrt,
Bleibt Blick im Blick,
Ist Haken,
Der an einem andren Haken hängt".

Die Augen gingen wieder auseinander,
Und es war doch wie verhext,
Sie kamen nicht mehr auseinander.

Wieder jemand sagte:
"Nun könnt ihr es nicht mehr an den beiden sehen,
Weil sie selber alles sehen.
Nun sind sie verwachsen,
Und ihr Blick ist zwar ein Blick,
Doch sehen sie von sich nichts mehr.

Die Augenpaare blicken beide
In dieselbe Richtung,
Und das bleibt von nun an so,
Und wird sich wegen der Vergänglichkeit
Des ersten Atemzuges
Nicht mehr wiederholen".

---

**Dann kam eine Treppe**.
Das war ungewöhnlich,
Denn wir waren schon im Raum der Räume,
In den Räumen überhaupt.

Wir waren in dem Raum,
Der alle andren Räume ausschloss
Und sie somit in sich einschloss,
In dem Raum,
Durch den sich alle andren Räume zogen,
Ohne ihn und sich zu unterbrechen,
Und die Treppe konnte nicht nach oben führen,
Und sie führte nicht nach unten,
Und da sie im Raum
Durch alle Räume führte,
Führte sie so auch durch uns.

Wir standen schon auf einer ihrer Stufen,
Waren selbst die Stufe,
Würden die, die sie begehen sollten, sein,
Und auch die Stufe,
Die begangen werden würde.

Anders kann ich diesen Zustand
Nicht beschreiben,
Anders waren die Gefühle,
Die ich für dich hatte, nicht.

Mir wich mein Kopf aus,
Und er schmiegte sich an deinen,
Und ich machte daraus,
Wie belanglos, eine Frage, die dich intressierte:
"Kennen wir die Leute eigentlich,
Dort drüben"?

So kam mir dein Kopf in deiner Antwort nahe,
Sicher wär er mir sonst ausgewichen,
Und der Akt von einer Treppe
Wird ein Sinn,
Der ist nicht zu erfassen.

**Den meisten, die daheim sind,**
Wird das Heim nicht Heim.

Ihr Heim ist dort,
Wo sie nicht heimisch sind
Und quälen sich mit irgendeiner Quälerei,
Die hinterlässt kein Wohlgefühl,
Und die Gedanken, die du hast
Und über die du sprichst,
Sind dir, die nie das Heim verließ
Und nie verlässt,
Ein Heimatland, in das du fliehst.

Dir ist das "Ding" des Mannes,
Wie du's für dich nennst,
Nicht oft genug im Leib,
Und über jegliches Detail
Weißt du Bescheid
Und sprichst in einem Atemzug davon,
Wie "göttlich" sich das alles
Ineinander fügt
Und denkst dabei:
Wie lange hält es an,
Wie lange hält er an,
Und dann denkst du:
Du bist sein Heim
Und hoffst, dass er dir Heimat bleibt,
Und er darf dich nicht beißen,
Und du schiebst ihm seinen Mund
Von deiner Brust,
Und er lässt dich nicht herrschen über dich,
Und du schreist auf im Schmerz
Und denkst:
Die Schmerzen einer Frau sind fürchterlich
Und selten körperlich,
Und heimatlos sind die,
Die in der Heimat sind,
Und schmerzlos sind,
Und viel zu oft machst du's dir selbst.

---

**Jede der Bewegungen war eine Illusion.**

So ging ich auf dich zu,
Nahm deine Hand
Zum Kuss auf ihren Rücken,
Drehte sie herum
Und küsste dort den Boden ihrer Schale,
Der war leer und doch ein köstliches Getränk,
Das ließ den Sehenden
Zum Blinden werden.

Abgewandt von mir standst du
Und warst ein fremder Mensch,
Ein jugendlicher Mensch,
Der war für seine Jugend nicht mehr jung genug,
Und frauenartig schobst du deine Haare
Unter eine rote Spange,
Die vermochte viel
Und bündelte die blonden Locken
Zu der Garbe,
Die stand frei im Feld,
Und traubenartig hingen ihre Ähren
Bis auf deine Schultern,.
Das war keine Illusion.

Das Feld, die Garbe, Ähren,
Deine Finger, die als Rechen
Durch die Strähnen fuhren,
Wurden eine sommerliche Sonnenlandschaft,
Die beschwor den Frühling,
Der war erst zwei Tage alt
Und stand bei dir und mir in voller Blüte.

Ich erinnerte mich schnell an eine Kirschbaumstraße,
Die wurd in den ersten Frühlingstagen
Weiß zum schlanken Kleid,
Und eine Taille reihte sich darin an eine andere.

Die neue Jahreszeit ist eine Illusion,
Die geht durch alle Zeiten.

**Du maltest an dem roten Bild**.
Es war aus einer Folge vieler roter Bilder,
Die sich immer weiter isolieren ließen,
Schließlich rot geworden und geblieben,
War durch den Verlust der dritten Dimension
Entstanden,
Und es hatte nur so werden können,
Dass das Rot sich über eine Fläche zog,
Es zog sich hin vom Hals, aus dunkelroten Wurzeln,
Über Wangen zu den Ohren,
Stürzte sich in deine Stirn,
Von dort in eine Tiefe, die man nicht mehr
Sehen konnte.

Auf der Suche nach der Räumlichkeit
Gab ich nicht auf,
Und durch die kleinen Öffnungen der Bluse,
Die du trugst,
Durch diese Winzigseen,
Die zwischen Knöpfen lagen,
Meinen Blick verführten und entführten,
Mich bis an die Wurzeln deiner Röte
Stoßen ließen,
Fand ich einen Ursprung,
Von dem hattest du mir nie erzählt,
Und letztlich, dachte ich,
Hast du ihn selbst noch gar nicht
Wahrgenommen.

Sollte ich nun diese Bergseen
Einer allgemeinen Fischerei entdecken
Und vielleicht gar selbst
Am Ufer Trampelpfade hinterlassen,
Oder über die Entdeckung eines Ursprungs,
Dass er ja ein Ursprung bleibe,
Schweigen?

So gesehen, hattest du ein Recht
Auf deine eine eigne Dimension.

**Du bist schlimmer, als der Beißhund,**
Der in seiner Wache Gier entwickelt,
Und du sollst das Blut nun haben,
Und ich sage dir:
"Es ist nicht nur das Blut des Dichters,
Sondern jedes Künstlers.
Ja", so sage ich,
"Nun gebe ich dir recht,
Ich habe keine Liebe,
Und ich habe nur die eine Liebe,
Die gehört mir nicht,
Die gab mir jemand als Geschenk,
Und ich verprasse sie
An meine Kunst
Und huldige damit dem Geber,
Und ich liebe eine Wolke,
Einen Regen,
Einen Teil von dir und dich
Und etwas auch von dir was du nicht hast,
An anderen.

Ich gebe diese Liebe einfach ab
Und raube ihr dafür die Liebe anderer
Als Nahrung.
Deshalb hast du recht.
Ich beute dich so aus, wie einen Stein;
Auch die Bewegung deines Armes,
Wenn er sich um deinen Nacken schlingt,
Bin ich,
Du wusstest es nur nicht bis jetzt,
Und die vom Auto totgefahrne,
Aufgerissne Amsel bin ich auch
Und denke mir in allem weiter nichts,
Als dass es ist, so wie es ist,
Und dass ich es als Lebender erlebe
Und erleben muss,
Und keinen Aufschrei, keinen Lustschrei
Darf ich dafür geben,
Und der Unterschied
Von Amsel, Mensch und Baum,
Von dir und mir

Wird grad in mir erfunden
Und von mir entdeckt.

Gedulde dich mit deinem Biss
Noch einen Tag,
Mein Blut muss reifen.

---

**Einmal tatst du so zu mir**,
Als hätte man dich grad verlassen,
Und ich sei der nächste.

Nicht, dass du dich irgendwie verkauftest,
Sondern mit den Augen
Winktest du noch einem Schatten nach,
Den ich nicht sah,
Und ließt mich warten;
Dann zu mir:
"Nun bist du fort
Und bist doch grade angekommen".

Wirklich, dachte ich,
Vor ihrer Tür ließ ich mich immer sein
Und überließ mich ihr und mich
Und machte einen Zeitpunkt mit mir aus,
Dann würde ich mich wieder holen,
Und ich dachte auch,
Als Frau hat sie ja Augen,
Die durch Wände sehen können,
Außerdem sieht sie an mir,
Dass ich der Falsche bin.

Der andere würd sie sich nicht
Mit einem Andren teilen wollen,
Und sie fragte mich danach
In schwacher Neugier aus:
Sie würde mich doch gerne
Kennen lernen wollen.

---

**Vor deinen Augen lebte in der Haut**
Ein großer Schmetterling.

Er lebte auf und in der Oberfläche
Und die Flügel
Gingen als die Schaukeln
Langsamen Erlebens auf und nieder.

Deine Augen waren auch auf mich gerichtet,
Blieben auch auf mich gerichtet
Selbst, wenn ihre Schranken
Unten waren,
Und die Augenblicke freier Überfahrt,
Die wirklich nur sekundenlang den Weg
Für die Passage offen hielten,
Waren Übergänge ohne Garantie,
Denn oft geschah es zwischendurch,
Dass sich die Flügel senkten,
Und man musste unter ihnen
Ganz allein mit dir die Dunkelheit
Verbringen.

Dabei stellte ich,
Weil ich es wissen wollte, fest,
Dass du im Spiegel gegenüber,
Immer nur das Farbenspiel
Des Senkens dieser Flügel
In extremster Langsamkeit erleben wolltest.

Leicht wär es für mich gewesen,
Diesen Buntstaub von den Fenstern
Deiner Einsicht, deiner Aussicht
Abzuwischen.

War die Dunkelheit vorbei,
Erinnerte ich mich noch schnell genug an dich,
Und hätte nie gewagt,
Dir die Paläste deiner Häuslichkeit
Mit einer dummen Putzsucht zu zerstören.

Sonst gab es nur wenig

Über Schmetterlinge,
Die in Langsamkeit
Die Flügel heben, senken konnten,
Zu berichten.

---

**Einmal wollte ich dich lieben,**
Und ich dachte,
Dass man immer und für alles
Einen Schlüssel brauchte,
Und ich dachte dabei nicht ans Öffnen,
Sondern ans Verschließen,
Und ich kaufte bunte, seltne Blumen,
Die man nur aus Märchen kannte,
Kaufte Blauaurikel und vermischte sie
Mit Weißmaiglöckchen,
Um sie dir zu schenken.

Dann kam ich zu dir.

Du sahst mich und du sahst
Den Wunsch an mir
Und sahst die Blumen an
Und sagtest, noch in deiner Tür, zu mir:
"Man darf nie Märchenblumen
Miteinander mischen.
Sieh, sie lassen schon die Köpfe hängen,
Können sich selbst nicht ertragen",
Und du trenntest sie,
Dass sie sich nicht mehr sahen,
Stelltest sie in ganz verschiedne Vasen,
In verschiedne Räume.

Deinen Schlüssel hattest du
Ganz sorglos, unbedarft,
Im Schloss
Von außen stecken lassen.

---

**Jemand sagte so zu mir**:
"Du musst dich hüten vor Vergleichen;
Du darfst nicht die totgefahrne Amsel
Gleichstelln
Mit den Schrecken einer Großstadt,
Mit den aufgespießten Kindern eines
Wahnsinnslandes,
Mit den Frauen einer fernen Gegend,
Denen man die Brüste abgeschnitten hat
Und Männern, denen man den Bauch
Mit einem Messer öffnete
Und die man so zum Laufen zwang.

Du darfst doch nicht so tun,
Als wäre eine Himmelswiese voller Strahlentode
Hinter fernen Welten,
So, als suchtest du für dich ein Rauschgift,
Um dich zu betäuben,
So als sagte nicht ein anderer,
Wie ich zum Beispiel,
Auch etwas dazu".

Ich tat ja nichts,
Und auch nicht so als täte ich nur so.

Die Leiter fängt mit einer ersten Sprosse an.

Dort wo ich stand,
War lange schon die Höhe
Nicht mehr auszumachen.

An mir, sah ich,
Konnte man sehr wohl die Bilder sehen,
Die der Mensch, der mich so angesprochen,
Auch beschrieben hatte.
Woher hätte er sie sonst wohl nehmen können,
Wenn nicht nur von mir.

Kam ich zu dir,
Verlangte ich darum nicht mehr
Als dass sich deine Arme um mich legten,

Dass du mir das
Rückenfell ein wenig glättetest.
Nur,
Mein Verlangen konntest du nicht wissen,
Weil wir wegen dieser Welten,
Die uns trennten,
Zwei verschiedne Sprachen
Wählten.

Keiner von uns beiden
Wagte dies Geständnis.

---

**Ich hatte lange nichts von dir gehört,**
Dann kam ein Brief,
Der sandte einen Kuss von dir.

Es war nicht auszumachen,
Wie es technisch möglich war,
Und doch war dieser Kuss ein wahrer Kuss
Und wiederholbar
Und war ganz gewiss von dir
Und war mit diesem Brief gekommen,
Und er küsste nur,
Darüber gab es eine Garantie,
Den Richtigen
Und nur, wenn der es wollte, oder sie.

Der Kuss,
Das wusste ich sofort,
War ein verlorner Kuss,
Er war aus deiner Zeit,
Die lief schon parallel zu mir,
Und gestern, als wir uns begegneten,
Da hätten wir uns doch begegnen können,
So wie jetzt.

---

**Du führtest mich ins Haus**;
Es war ein kleines Haus,
Es war ein Spitzdachhaus.

In deiner Stirn entdeckte ich sofort
Das Giebelfenster.

Ich verbot dir,
Und ich war sehr streng,
Mir irgendetwas zu verwehren.

Ohne Worte gabst du nach
Und zogst mit lässiger Gebärde
Deine schwarzen Haare,
Die weit über deine Schultern fielen,
Mit den tänzerischen Armbewegungen
Und spitzen Fingern hoch,
Du machtest dein Gesicht zur Bühne,
Die vor schwarzem Vorhang stand.

Das Spiel, das ich erwartete,
Sollt ich nun selber bringen.

Alles legtest du und dich zurück auf bunte Kissen,
Deine Kleider taten sich
Als Schmuckkassette vor mir auf.

Du irrtest dich.
Ich wollte mich nicht mit dir schmücken,
Und ich dachte nicht an Raub,
Nicht an Verkauf,
Nicht an Besitz
Und schlug mit der geballten Faust,
Das Giebelfenster ein.
So, und nicht anders
Wollte ich in dir an dich gelangen.
Blutig wurde meine Hand.

Du hattest später einen Traum,
Der, sagtest du,
Hätt dir den Aufenthalt

In einer Anstalt aufgezwungen.
Dort hätt man dich wochenlang
Zur Heilung einer Wunde,
Die du selbst nicht sahst,
Die du, so sagte man, nicht sehen konntest,
Festgehalten.

---

**Deine Kunst war so**:
Du sahst den Menschen auf den Mund
Und tatst, als sprächen sie mit dir,
Das schriebst du auf.

Von mir schriebst du:
"Ich ging Versteinerungen zu begießen,
Und ich traf auf seinen Mund,
Der war aus Stein.
Die Formen waren deutlich zu erkennen,
Und er sprach auf seine Art zu mir.
Ich sah, wie schlimm
Er unter der Behinderung zu leiden hatte.
Wasser brachte nichts bei ihm;
So resignierte ich zum Schluss,
Ich war zu spät gekommen.

Lange rief er mir noch nach."

Sie schrieb die Wahrheit.

Alle ihre Briefe
Ließ ich ohne Antwort liegen,
Weil ich keine Anschrift hatte.

Die war auch
In meinem Mund verschlossen.

---

**Denken, sagst du,**
Ist dem Träumen nahe.

Denken träumen,
Ist das Sagen, das man niemals sagt,
Von dem man wenig,
Meistens gar nichts weiß.

Ich denke oft in dir,
Das weißt du nicht,
Und denke, wie es ist,
Wenn ich mir nahe bin in dir,
Und träume so vom Denken, meinem Denken.

Das könnt ich dir sagen,
Und ich sage nichts,
Weil ich zu wenig davon weiß,
Und dich dagegen, habe ich in mir ertappt,
Du kanntest dich, das hast du zugegeben,
Sehr gut aus.
Du warst nicht zu vertreiben,
Und ich sah es ein, bevor ich daran dachte,
Und du bliebst,
Gingst aus aus mir und ein
Und fort und kamst zurück.

Ich fragte dich, so arglos ich nur konnte,
Nach mir aus.
Du sagtest gleich:
"Es ist mir jetzt ganz klar,
Auf dich kann ich nicht bauen,
Ich vertraue nicht auf dich.
Du bist ein Zufall,
Der für mich begehbar ist
Und bist mit gar nichts zu erreichen,
Und ich selbst bin dir ganz fremd.
Du würdest mich,
Wenn du mich wieder fändst,
Noch nicht einmal vermissen".

**Wir schrieben an dem Buch**
Der Eingeständnisse.
Es war ein Buch,
Das wir gemeinsam schrieben.

Jeder trug dort streng geheim
Auf eine Seite,
Die der andre niemals würde lesen dürfen,
Das Geständnis ein,
Mit dem man ihn, den anderen,
Betrog, belog, betrogen und belogen hatte,
Ihn belügen und betrügen würde.

Jeder wusste von den Eingeständnissen
Des anderen
Und kannte keines.
So gesehen,
War ein Eingeständnis
Auch Geheimnis, das man offenbarte.

Jeder machte sich zum Detektiv
Und lauschte auf verräterische Einzelheiten.

Dir entlockte ich nicht viel,
Es war auch nicht der Rede wert
Und war nicht mehr,
Als dass du dir die wahre Freiheit wünschtest,
Dass du dir in dir die wahre Freiheit,
Wie du sie versehentlich beschriebst,
Bewahren wolltest,
Und sie wäre ein Betrug an mir,
Die Beute eines Raubzugs,
Den du immer wieder durch mich machtest.

In dem Buch,
An dem wir beide schrieben,
Konnte Schrift,
Wie wir sie schreiben, lesen konnten,
Gar nicht haften.

**Ich möchte dir**
Von dem Gespräch erzählen,
Dass ich mit mir hatte.
Das ging so:
"Auf meine Schulter
Setzte sich dies sanfte Wesen,
Setzte sich ein Schmetterling.

Es war kein Schmetterling,
Wie du ihn kennst,
Es war vielmehr ein Sandbild.
Das bestand aus Farbsand,
Der war eingesperrt in eine Flüssigkeit
Und die bewegte sich als "Malerei"
In einem Doppelglas,
In einem "Bildmobil",
In einem Zwischenglas,
Das war zu drehen,
Und mit jeder Drehung
Floss das Bild ganz anders
Und ganz neu zusammen.

So, in dieser Art,
War jener Schmetterling auf meiner Schulter.

Sage mir,
Der ich ja du bin,
Was das ist,
Damit ich dich
Und damit mich verstehe".

Darauf sagte ich zu mir:
"Das, was du fühlst,
Machst du dir sichtbar,
Dass du es begreifen kannst
Und kannst und darfst es nicht begreifen.
Was du siehst und sehen kannst,
Ist unsichtbar,
Weil es nur eine Sehnsucht ist.
Noch ist sie bunt
Und voller Farben,

Lässt sich unter deinen Händen drehen.

Eines Tages aber wird das Wesen
Eier legen wollen,
Um sich fortzupflanzen,
Und es wird von dir Besitz ergreifen wollen,
Und es wird sich dir
Als Todessehnsucht zeigen
Und erkenntlich machen
Und in Trauerkleidung gehen".

---

### In deinen Augen
Standen Hindernisse der Erinnerungen,
Und wir kamen nicht darüber hin:
Du nicht,
Weil ich die Hindernisse aufgebaut
Und dir errichtet hatte,
Weil ich dich in dir behinderte,
Und ich nicht,
Weil ich mich aus dir nicht schälen konnte,
Mich nicht aus dir nehmen konnte,
Und mich so nicht in dir ändern konnte,
Und mich, wie ich anders wär,
Auf mir in dir nicht überlagern konnte.

Hindernisse der Erinnerungen also,
Weil in dir in mir.

Ich litt sehr unter dem Verlust
Und lebte,
Sonst wär es ja gar nicht möglich,
Ohne eine einzige Erinnerung
An dich in dir an mich.

---

**Um dich schlugst du Decken,**
Und du frorst.
Im Zimmer war ein neuer Schnee gefallen,
Der lag überall.

Du wusstest nicht wohin mit dir,
Und sagtest so:
"Die Kälte, die ich in mir trag,
Bricht nun heraus.
Was soll ich machen"?

Ich sah dich normal gekleidet
In demselben Zimmer sitzen,
Und du sprachst mit mir
In einer zweiten Sprache ganz wie sonst,
Als wäre nichts geschehen,
Und wir unterhielten uns
Und tranken ein Getränk dazu
Und froren nicht
Und lebten in der Kälte
Und dem Eis des Raumes.
Eis und Kälte brachen ständig neu aus dir.

Als Kind,
Das fiel mir noch als Warnung ein,
Hieß es für mich,
"Du darfst mit deiner Zunge
Nie am Eis des kalten Türgriffs lecken".
Das erklärten die,
Die die Erfahrung hatten.
"Schlimm", so sagte man,
"Sind die Verletzungen", und auch,
"Es ist kein Unterschied zu spüren,
Zwischen dem Erfrieren
Und im Eis verbrennen".

**Am andren Morgen sagtest du**:
"Nun ist mein Tag
Nur ein Gerippe.
Alles ist verzehrt,
Und ich bin müde,
Denn von dir bekomm ich keinen Schlaf.
Du frisst die ganze Nacht an mir
Und schläfst dabei
Und zehrst mich auf
Und meinen neuen Tag dazu,
Und meine Kräfte lassen nach".

Das, dachte ich,
Hab ich mir nicht verdient
Und dachte auch,
Wovon ernährt sich denn ein Mensch,
Wenn nicht von andren Menschen,
Und ich dachte, dass ich dir
Von mir gegeben hätte
Und war im Gewissen ruhig, ausgeglichen,
Bis zu diesem Augenblick,
Als du so heftig an die Waage stießt.

Aus einer der zwei Schalen
Fiel mir meine Welt zu Boden.
Plötzlich war sie faul,
Ein Apfel der im Ausschlag lebte
Und im Aufprall gleich zerplatzte,
Durch und durch
War er schon braun durchzogen.

Was kann ich, ein armer Fresser,
Gegen meinen Menschenhunger machen,
Der stillt sich nicht von allein.

Ich kann mich zehnmal selbst zerfleischen
Und von mir verspeisen lassen.
Das bringt gar nichts ein.
Das ist doch ganz umsonst.

**Diese Nacht hab ich im Schlaf**
Geschrien,
Und dich hatt ich als Wache
An mein Bett gestellt,
Du konntest ruhig schlafen.

Du warst mir im Schlaf das Nadelkissen,
Das war voller Stiche,
Und die waren mir zugleich die Spitzen
Eines Nagelbrettes,
Das lag unter mir.

Du wecktest mich
Und riefst mich,
Das war auch im Schlaf
Und konntest so nicht helfen,
Und ich wünschte nur,
Dass du mich wecken, retten würdest,
Denn ich tat im Schlaf,
Was ich nicht machen wollte,
Und ich brauchte einen Rückruf.

Morgens sprachen wir im Aufbruch
Über diese Nacht.
Ich konnte mich sehr gut erinnern,
Und ich sagte nichts,
Und du warst mit Vergleichen
Schnell zur Hand:
"Dir bin ich als ein Nadelkissen
Halt und immerzu Vergessen,
Und du selbst quälst dich auf einer Nagelbank.

Dein Schlaf ist Tag,
Und deine Tage sind die Nächte,
Die verbringst du mit der
Augenbildermalerei und mit dem Denkbaren,
Und nachts kämpfst du
Um deren Wirklichkeit
Und Wahrheit."

**Man brachte einen**
Königlichen Stuhl herein.
Sonst war das Zimmer leer.

Die junge Frau stand auf der Leiter,
Und mit einem breiten, schweren Pinsel
Weißte sie die Wand.

Wir waren in der Zelle.
Schlampig war die Frau gekleidet,
Und der Kittel, den sie trug,
War viel zu kurz.
Die Knöpfe, vorne,
Waren nicht ganz durch geknöpft,
Man hätte sich an ihr vergehen können.

Sie,
Die Leiter,
Weiße Farbe,
Königlicher Stuhl
Und ich
In dem Gefängnis, in der Zelle.

So, denk ich, verhalten sich die Gegenstände
Hinter unsrem Rücken.

Wär ich ich,
Hätt ich die Frau doch angesprochen
Oder umgekehrt.
Es krönten sich die Dinge selbst,
Wir mussten helfen,
Als die Diener unter einer Dienerschaft.

Viel früher schrieb ich einmal
Von den Göttern,
Die man in Gehegen hielt.
Mit deren Augen
Sah ich dieser jungen Frau
Ins Tun.

**Der Augenblick des Handelns war vorbei,**
Nun war der Augenblick des Denkens,
Und ich dachte nur an mich.

Ich hatte mich erschossen.

Autohupen um mich her
Kam näher,
Also war ich in Gefahr.

Sofort darauf: Klaviermusik.
Es hatte eine Kneipe in mir auf gemacht,
Und ernstes, schönes Spiel
Drang durch den Eingang.,
Eingelagert in die Sprache,
Die ich sprach,
Die wurde fremd, zur fremden Sprache.

Meine Frau, denk ich,
Liegt schon im Bett
Und fürchtet sich vor mir:
"Nun wird er kommen,
Oder ich hab heute Glück",
Sie wird nicht um mich weinen,
Und sie weint nicht mehr um mich.

Die festen Treppen fließen plötzlich doch.

Ich hätte an die Blumen denken sollen,
Das hab ich versäumt,
Und denke an den Krieg,
Der ist ein schlimmes Unkraut,
Und ich denke an die dumme Schläue
All der Menschen,
Die den Wildwuchsgarten halten,
Die sind immer außerhalb des Zaunes.

In der Hosentasche suche ich nach einem Tuch
Und greife in die Wurzeln,
Die sind bis hierhergekommen.

**In dem Autofach**
Liegt eine Folie,
Die ist dünn und superfest
Und reflektiert in Gold,
Das ist die Rettungsplane.
Die ist klein, wenn sie gefaltet ist,
Und ich umfasse sie mit einer Hand.

Du möchtest sie benutzen,
Weil es regnet,
Und du denkst an deine Haare
Und dass das ein Notfall ist.

Du möchtest mit der Plane auf dem Kopf
Den Wagen schnell verlassen
Und planst diese Rettung, das ist deine Rettung,
Und du bist geschickt
In dem Entfalten.

Hier im Wagen ist sehr wenig Platz,
Und deinen Notfall planst du ganz alleine,
Und ich helfe nicht dabei
Und seh dir zu.
Dann springst du aus dem Fahrzeug,
Das steht still.

Ich höre Regentropfen
Zweierlei Geschlechts.
Geräusche dringen durch das Dach
Und durch die Fensterscheiben.
Du bist schneller fort
Als dich die Not erreichen könnte.

Meine Scheibenwischer lass' ich laufen,
Und du bist ein Gold umhüllter
Regenball,
Der tanzt um Pfützen und bringt sich voran.

Im Notfall ist dir alles recht.
Du hättest auch für Sonne einen Einfall.

**Nun stehst du ganz in weißen Blüten,**
Stehst in weißen Blüten,
Deren Ränder einen rosafarbnen Schimmer tragen.

Ich steh unter dir
Und seh hinauf
Und könnte dich mit einer schnellen Drehung
Wieder unter meinen Körper bringen
So, wie ich dich eben
In die Höhe hob, dass du nun auf mir liegst,
So bist du machtlos,
Wenn ich dir die Macht geb,
Über mir zu liegen.

Und du fühlst dich auch nicht wohl
Und stützt dich ab
Und liegst auf mir.

Es sind im Jahr nur ein paar Tage,
Die du so in Blüte stehst.
Du selbst bleibst fest im Boden,
Und ich klettere auf deine Äste,
Um den Blüten nah zu sein.

Sie strahlen Sonnenwärme aus,
Und einen eignen Duft
Entdecke ich auf deiner Haut.

Die andre Frau,
Die auch Gedichte schreibt,
Ist mir im Ohr.
Man hat sie für die Schreiberei verhaftet.
Die würd über meine fade Lyrik lachen.

Sie kämpft gegen Politik und gegen Schwachsinn,
Gegen Menschenfresserei
Und gegen Strahlensterben.

Unter einem andren Blütenstamm
Steht noch ein Mann,
Der ist nicht alt

Und ist doch halb gelähmt,
Gestützt auf einen Stock,
Und völlig hilflos
An den Baum gelehnt.
Den holt man nicht mehr ab.

---

**Ich schenkte dir ein Haus**
Aus Glas,
Das war sehr klein
Und hätte grade ausgereicht für zwei.
Das sagte ich dir aber nicht,
Weil ich erst wissen wollte,
Ob du es auch ohne mich bemerken
Würdest.

Übers Glashausdach
Zogst du gleich ein Gewächs,
Das Schatten gab.
Die Wände und die Türen
Überwucherten mit Pflanzen,
Die sofort in Blüte standen,
Und du blühtest selbst mit diesem Haus
Zu einem Glasgewächs,
Dass ich dir wortlos
Meine Küsse auf die Rücken deiner Hände legte.

Einmal sagtest du dazu:
"Das Haus hat Glück gebracht,
Ich danke dir.
Wir sind darin
So glücklich wie noch nie.

Es ist gerade Platz für zwei darin,
Sonst würde ich dich zu uns bitten,
Aber so
Bin ich mit mir bei mir,
Wir füllen alles aus".

---

**Ich hatte es nun so oft angesprochen,**
Dass es unaussprechlich wurde,
Ja, es war zum Unaussprechlichen an sich
Geworden.

Nun, da ich es dir beschreiben möchte,
Und da ich es andren zeigen möchte,
Nun, da ich das Unaussprechliche
Aussprechen möchte,
Ist die Chance vertan.

Was bleibt, ist der Verzicht.

Ein Beispiel:
Ich schau aus dem Zugabteil.
Die Züge fahren hier in schneller Folge.
Auf den Bahnsteig
Eilt ein junges Mädchen,
Um den Zug noch zu erreichen,
Und es hat gar keinen Abstand zu sich selbst.
Das wird so bleiben,
Nirgends wird es seinen Abstand halten.

Und bei mir Zuhause
Wird an einem Feiertage Staub gesaugt.
Die Ruhe dieses Tages
Habe ich gekauft
Und mir Gedanken aufgehoben.
Nicht einmal von ihnen
Hält man Abstand,
Und der Lärm der Reinlichkeit
Saugt die Gedanken auf
Und jagt mich auf den Haublock einer Richtstatt.

Nichts hab ich verbrochen,
Und ich flehe diesen Henker an,
Der Feiertags nicht köpfen darf,
Doch heute ausnahmsweise seines Amtes
Schnell zu walten.
Der vertröstet mich auf morgen.

**Wir machten eine Reise.**

"Das", so sagtest du, "stimmt nicht,
Denn es ist nur im Traum gewesen",
Und ich konnte mich auch nicht erinnern.

Dir im Traum
Lag ich im Schlaf,
Und du warst um mich her
Mit Reisevorbereitungen beschäftigt,
Und die Koffer hattest du gepackt
Und hattest über alles nachgedacht
Und auch an mich gedacht
Und an die Zukunft.
Und ich fragte nach,
Weil ich auch an die Zukunft dachte,
Und du zeigtest mir die Liste
Aus dem Traum,
Die hattest du im ersten Wachen abgeschrieben,
Weil es doch viel Zeit ersparte,
Und die Liste war perfekt und fehlerfrei,
Und nichts, fandst du heraus,
War frei geblieben,
Und du hattest, das gestandst du noch einmal,
An mich dabei gedacht,
Und es sei gut,
Dass ich im Schlaf gewesen sei,
Obwohl du wusstest, dass es doppelt Schlaf,
Mein Schlaf in deinem Schlaf
Gewesen war.

Als ich dann aufstand, einfach ging,
Riefst du mir etwas nach.

Mag sein,
Dass du den Traum
Noch immer träumst.

---

**In dir war eine "gute Stube",**
Und ich durfte sie betreten,
Als ich dich besuchte.

Du, so sagtest du,
Würdst auch gleich kommen,
Und du seist ja ohnehin
Schon rundherum und um mich her.

In deiner "guten Stube"
Suchte ich sofort nach dem,
Was "gut" war an der Stube,
Und es herrschte Sauberkeit,
Und eine Reinlichkeit bewegte sich
Als schwere Flüssigkeit,
Die, einmal in Bewegung, nicht mehr still stand,
Sie bewegte sich als kleines Meer,
Das pausenlos mit seiner Brandung
An die Wände schlug.

Dort hingen Bilder,
Die, sich selbst genug,
Nichts mehr bebilderten.

Ich fand das "Gute"
Dieser Stube nicht
Und hob den Teppich an,
Sah unter einen Tisch
Und unter jeden Stuhl.
Ich drehte eines dieser Bilder um
Und stieß auf eine dieser Fragen,
Die galt mir, die war von dir,
Die maßtest du dir an:
"Denkst du, selbst unter Gegenständen,
An die Sehnsucht zwischen Mann und Frau,
Bist du, in mir, mir noch nicht nah genug"?

**Du erinnertest dich noch ein Mal**
An deinen Traum,
In welchem wir auf Reisen waren
Und in welchem du um meinen Schlaf herum
In Wachheit reistest
Und die Koffer packtest
Und den neuen Gästen sagen musstest,
Dass sie sich gedulden müssten:
"Unser Zimmer wird gleich frei.
Ich packe schon,
Und meinen Mann möcht ich
Noch schlafen lassen,
Weil er nicht in Wahrheit schläft.
Er schläft in meinem Traum,
Den kann ich nicht so einfach enden lassen".

Ja, ich konnte mich erinnern.
Heute fiel mir alles ein.

Ich lag in deinem Traum im Schlaf
Und kam mit dir an deine Tür, an unsre Tür,
Um einzuziehen,
Denn es war ein Zimmer im Hotel,
Das durften wir beziehen,
Und ich kam, um mich zu wecken
Und kam nicht an dir vorbei,
Und du und diese Frau
An meiner Seite
Wurden eins.

Ihr wart geschickt mit mir,
Dass ich sogar vergessen konnte.

Jetzt erst fällt mir alles wieder ein.

Ich seh mich immer noch
Im Schlafe schlafen
Und in deiner Tür.

**In dem Haus stand immer schon**
Die Kiste,
Ganz und gar aus Kampferholz gemacht.
Man hatte nie hinein geschaut.

"Die Kiste ist ganz leer
Und was sie aufbewahrt,
Ist eine dumme Weisheit",
Und man lachte über eine
Unbekannte Klugheit.

Du hast mich gezwungen, ohne es zu wollen,
Eine Neugier auszuüben,
Und du sagtest so:
"Die Frage nach dem Sinn des Lebens
Ist die Frage nach dem Un- Sinn,
Und wer gibt schon gerne zu,
Dass er im Un- Sinn lebt,
Und dass es zwischen Sinn und Un- Sinn
Keine Grenze gibt,
Wer gibt schon gern sein Leben
An die Kunst".

Ich musste also jene Kiste öffnen.
Ja, du wusstest über ihre Existenz
In mir Bescheid.

Sie war fast leer,
Und auf dem Boden lag ein Zettel,
Darauf stand:
"Mein Leben ist Erlaubnis,
Und den Keim des Todes darf ich in mir tragen,
Als die Garantie dafür".

Ich sagte nichts davon zu dir,
Du fragtest auch nicht nach.
Viel später erst kamst du darauf zurück.
Es war auf einer Autobahn,
Die wir befuhren
Und mich überkam totale Freiheit,
Mehr als das Gefühl, war es schon Existenz.

Du sagtest später von dir selbst:
"Ich war im Irrtum,
Denn ich dachte doch sekundenlang,
Dass ich allein im Auto säße.
Auch den Wagen lenkte niemand".

---

**Nichts blieb von mir unversucht.**
Ich setzte alles, was ich kannte,
Der Versuchung durch mich aus.

So ging ich ins Museum,
Ins Theater,
Sang in einem Chor
Und war Familienvater.

Das Museum blieb Bewahrer,
Ich erfuhr nicht ein Geheimnis,
Das Theater blieb mir fremd,
Die Trennung zwischen Publikum und Bühne
War nicht aufzuheben,
Selbst im Chor stand ich als Einzelfall,
Der ging nicht unter in der Menge.
Den Familienvater glaubte ich mir nicht,
Selbst Dokumente, die ich hatte,
Konnten mich nicht überzeugen.

Meine Wiesen mähte ich mit meinen Füßen,
Und in Steine konnte ich
Ganz ohne jede Mühe beißen.

Die Versuchung war sehr groß
Und nützte nichts.

Ich sagte immer wieder zu mir selber:
"Wiesen kann man nicht mit Füßen mähen,
Und in Steine kann ein Mensch nicht beißen",
Und ich gab nicht auf.

---

**Gestern war es, als ich sah,**
Dass du den Eintrag machtest.
Ich nehm an,
Es ist dein Tagebuch gewesen,
Das vor dir und aufgeschlagen lag.

Du schriebst direkt aus deinen Augen ab.
Die lagen gleich daneben.
Deshalb sprach ich dich nicht an,
Du hättest mich im Schreiben
Und im Lesen, wie du schriebst
Und wie du last, nicht sehen können.

Meine Tagebücher schrieb ich anders.

Meine Augen gingen dann
In mir verloren,
Und ich hatte oft sehr lang damit zu tun,
Sie wieder zu entdecken,
So wie jetzt.

Ich war zu nah an dich geraten,
Und sie hatten uns verwechselt.
Du schriebst also von mir ab,
Durch meine Augen sahst du ein Erleben,
Das hieltst du für deines,
Und last nach.

Ich sah nun wie viel mir
Durch dich verloren ging
Und sah auch ein,
Dass es in einer Richtigkeit geschah,
Die ließ uns das Gemeinsame gemeinsam werden,
Ohne uns noch mit uns zu vergleichen,
Und ich sah umsonst auf dich durch deine Augen.

**Ich war bei dir zu Gast,**
Und anfangs war es,
Dass du dich dem Gast zum Gaste machtest.

Du und ich,
Ich sah nur dich.
Du warst allein,
Weil ich mich nicht mehr wahrnahm.

Das Geschirr, das du uns botst,
War nur ein Hauch von Porzellan,
Das blieb auch ungefüllt,
Und Speise, rietst du mir, sei anderswo.

Da überzog sich schon dein herrliches Geschirr
Mit Glanz aus Blankmetall,
Das strahlte und das blendete,
Ich blickte in das Auge eines Bergsees,
Der die Sonne eingefangen hatte.

Darin sah ich mich das erste Mal.
Es wurde alles bleiern schwer.
Du sagtest:
"Alles ist zum Erzguss ausgeflossen",
Und ich stellte mit der größten Mühe
Meine leere Tasse auf den Tisch zurück.
Sie war so schwer geworden,
Kaum noch anzuheben.

Aus dem Kleid kam die Metallhand
Auf mich zu;
Sie war sehr weich und warm
Und hatte letzte oder erste Strahlen
Eingefangen und gespeichert,
Und du gabst mir alle Arten deiner Speisen
An dir frei.
"Ich bin durch mich geschützt",
So sagtest du,
"Du kannst getrost durch meinen Panzer dringen,
Der hält stand".

**Morgens....**
Dann kommst du dazwischen...
Ich geh gleich.
Die Tür ist zugesperrt,
Ich kann nicht fort.

Dann komm ich eben heim.
Du kommst dazwischen.

Nun, dann geh' ich durch dich durch.

Du hältst den Rock dazwischen:
"Nicht am Morgen", sagst du,
"Nicht schon wieder".

Ich steig auf das Dach.
Es geht nicht weiter.
Du stehst hinter mir:
"Du bist verrückt.
Komm gleich zurück".

Ich komm zurück.
Du stehst auf meinem Weg nach unten.
Das ist ungerecht,
Und wäre nicht dein kleines Haus
Mit Menschen angefüllt,
Ich zählte dich allein schon dreimal,
Mich genauso oft,
Und von Sekunde zu Sekunde wächst die Anzahl,
Wäre dieses kleine Haus
Nicht mit uns angefüllt,
Dass ich mich dauernd vor mir,
Bloßgestellt und ausgezogen, schämen müsste,
Würde ich dich auch am Morgen
Auf der Treppe nehmen,
Und du hieltest nicht den Rock
Und dich dazwischen.

**Also, dachte ich**,
Es ist die Müdigkeit in dir und gähnte,
Und es kam ein Mann,
Den kannte ich schon lange.
Beide fuhren wir in einem Zug,
Und alles dauert nur wenige Sekunden.

"Gähnen", sprach er,
"Ist ein Zeichen höchster Spannung,
Die verbraucht den Sauerstoff,
Und das bewirkt den Hunger nach der Luft".

Er hatte Recht.
Ich lebte in dem Neugefühl
Der Solidarität mit Dingen,
Und ich hatte die Verfremdung
Hinter mir gelassen,
War in eine Fremde vorgedrungen,
Die nur noch aus Gegenständlichkeit bestand,
Aus Sachzwang.
Dieser Mann war als Gefahr für mich
Auf meinen Weg gestellt.

Ich sagte so:
"Ich bin nicht ich,
Ich fürchte, Sie verwechseln mich mit mir.
Ich kenne niemanden wie Sie".

Der Mann zog sich zurück
Und sah in einem fort zu mir.

Ich musste noch ein wenig warten.
Alles dauerte, das sagte ich, Sekunden.
Dann sprang ich so hoch es ging
Und warf mich auf den Boden,
Dass ich überall zerbrach. Nun konnte er mir glauben
Und dem eignen Irrtum.

Meine Scherben ließ ich liegen.
Niemand würde sich bekümmern müssen.

**Es war ein Wort,**
Das ich verloren hatte.

Alles hätte ich verlieren dürfen,
Und von allem
Konnte ich mich leichten Herzens trennen,
Nur nicht von den Worten.

Jedes Wort, das von mir ging,
War an den festen Platz gestellt
Und hatte dort zu bleiben.
So war meine Wortschar eine Einigkeit,
Die lebte von der Nachbarschaft,
Und jede Nachbarschaft war unersetzlich,
Und es fehlte nun ein Wort.

Von dir erfuhr ich folgendes:
"Das was du denkst
Und deine handgeknüpften Teppiche
Sind mir zutiefst zuwider,
Und ich mag nicht sehen,
Wie du daran arbeitest
Und mag nicht sehen,
Wie du diese Art der Netze spinnst,
Und was du damit einfängst,
Kann nichts taugen".

So ging mir das Wort verloren.

Auf dem Weg durch meinen Mund
Ging mir mein Wort verloren,
Sonst hätt ich doch irgendetwas
Zu dem Vorwurf sagen,
Dir entgegnen können.

So gefährlich war es also,
Wenn man mich in Frage stellte.

---

**Wir hatten uns getroffen**
Fragen auszufragen.

Später saß ich in der Bahn.
Die Leute neben mir
Besprachen den Erfolg.

Ich hatte dich vor Augen:
Deine Technik, eine Armbanduhr,
Verzierte eine dünne blaue Ader,
Die lief fort aus dem Gehäuse,
Über, unter eine blasse Haut,
Verzweigte sich
Und schimmerte als Flüsschen,
Das aus größter Höhe sichtbar wurde,
Unter unberührtem Sand.
Ich sah bis auf den Grund.

Von hier, aus meiner Höhe,
Sah ich auch auf ein Gebirge, das sich anschloss.
Eine unbekannte neue Sonne
Tauchte alles in Türkis
Und zündete in einer Meeresbucht
Ein Leuchten an.

Nun hörte ich,
Dass du mir Fragen stelltest,
Und ich hörte meinen Mund,
Der redete und redete und sprach von mir.

Es war doch leider so, das warf ich ein,
Dass ich von mir nur reden konnte,
Wenn ich von mir sprach.

Dann, als wir draußen waren,
Musstest du dich schützen,
Und vor eines deiner Augen setztest du,
Um nah an mir zu sein, ein Teleobjektiv.
Das andre Auge sah nach innen.
Dort begegnete ich ihm ein zweites Mal.

**Ich hatte es notiert:**
Zwei Tage waren in der Wahl.

Du drehtest dich vor mir
Und zeigtest deine Vorderseite,
Dann den Rücken,
Und du blicktest bei der Rückenschau
Nicht zu mir hin.
Ich bat dich noch einmal zurück
Und wieder so,
Dass du dich von mir wandtest.

Eingestehen müsste ich dir,
Welches meine Vorderseite ist.

Zwei Tage waren in der Wahl.

Du hattest nicht zu wählen,
Und du fragtest nicht.
Dann hattest du mich überzeugt.
Es war dir gleich,
Und den Betrug verstandst du nicht
Und ludst mich einfach zu dir ein.

Mit mir, so sagtest du,
Sei alles in der Ordnung,
Und ich hätte, weil ich doch im Vorrecht wäre,
Freie Wahl.
Noch einmal zeigtest du dich
Von den beiden Seiten.
Jeder Unterschied war nun verschwommen.

Du, ein Kreisel, drehtest dich vor mir.
Ich rief dir zu:
"Stütz deine Hände in die Hüften,
Das bringt Sonne".

Alles machtest du für mich und glühtest auf.
Nicht anzufassen war die freie Wahl an dir.

**Ich sah es selbst**:
Die Worte lebten in den Jahreszeiten.
Allerdings vergingen die in einer Reihenfolge,
Die ich nicht verfolgen konnte.

Was ich heut
Im Frieden zu dir sagte,
Löste morgen eine kriegerische Wolke aus,
Die legte sich auf deine Stirn,
Und Sturm und Regen
Schleuderte dein Mund.

Zu andrer Zeit riss dir dasselbe Wort
Den Sonnenvorhang auf,
Dass ich vor dieser Plötzlichkeit erschrak.

Vor Jahren hatte ich gelesen,
Dass sich Künstlerinnen die Vaginen
In Keramik nachgebildet hatten,
Sie in Tellergröße brannten
Und dann einen Tisch mit ihnen deckten.

So gedachten sie einander,
Denn es waren auch auf den Servietten
Frauennamen eingestickt.

Das Kunstwerk nahmst du an.
"Es war symbolisch", sagtest du, "gemeint".

Ich dachte an die Küsse,
Die für deinen Schoß gesammelt waren.

Sie verbrachten deinetwegen
Einen dummen Herbst
In meinem Mund.

**Ich halte eine Uhr in meiner Hand**.
Es ist nicht eine Uhr,
Wie du sie kennst,
Wie ich sie kenn,
Es ist das Schwimmen
Ohne Vorwärtskommen in dem Sand,
Es ist nur ein Gefühl
Und wird zum Zeitgefühl
Und wird zu dem Gefühl der Zeit,
Die lässt sich so berühren.

Kannst du anders Zeit berühren,
Als in der Sekunde,
Wenn sie stehen bleibt?

Am Frühstückstisch entstand vor dir,
Weil wir so nah am Fenster saßen,
Dieses Hinterglasportrait,
Die Spiegelung von dir,
Die zeigte dich ganz anders.

Warum hatte ich dich niemals
Hinter Glas gesehen,
Niemals richtig hingeschaut.

Mir fiel auch ein,
Dass du mir einmal zugerufen hattest:
"Sieh dich vor vor meinem Zweitgesicht,
Das hat mit dir zu schaffen".

Deine Zeit kam noch von hier,
Und deine Worte waren noch an meinem Ohr,
Doch du warst längst schon
Drüben auf der andren Seite,
Und du lebtest dort.

**Du hieltst mir deine Hand entgegen,**
Und ich sah,
Und ich erschrak,
Dass dir ein Finger abgetrocknet war,
Ich sollte ihn entfernen:
"Er ist abgetrocknet,
Brauchst ihn mir nur abzubrechen".

Niemals würde ich mich so an dir vergehn
Und sagte:
"Gleich, ich komme gleich dazu.
Ich muss noch einiges bedenken",
Und ich dachte über das Geschehen nach.

Der Finger war vielleicht ein Anfang,
Später käme dann die ganze Hand,
Der Arm, ich weiß nicht, was noch alles,
Und die Trockenheit
Vermochte dich vielleicht ganz auszutrocknen.

Andrerseits, so dachte ich,
War ich vielleicht grad aufgewacht
Und hatte nichts bemerkt,
War durch den Schlaf verhindert worden
Etwas zu bemerken
Und bemühte mich umsonst,
Ließ mich umsonst bemühen,
Stand vor einem Rest, der sich bemühte,
Vor mir zu verschwinden,
Und ich war zu früh erwacht.

Vielleicht hieltst du den Finger hingestreckt
Und wolltest mich zur Unbedachtsamkeit verführen.

Mocht auch sein,
Dass dir ein trockner Zweig
Versehentlich ans Licht gebrochen war.

So hielt ich ein
Und dachte auch an meine Schuld dabei.

**Ich fand noch einen Fischer,**
Der verstand das Netz zu flechten,
Und ich ließ ein Netz, für
"Fischfang", sagte ich,
Von ihm erstellen.
Das bezahlte ich
Und zog es in dem Garten über einen Balken
Und den Balken
In die größte Höhe,
Dass das Netz als Segel senkrecht hing
Und so nichts fangen konnte,
Selbst der Wind stand nicht darin.

Das Segel, das kein Segel war,
War mir ein Netz,
Das konnte ja nichts fangen.

Du verstandst mein Handeln nicht.
Ich sagte:
"Wenn dies nicht die beste Sprache
Für mich wäre, um mich auszudrücken,
Würde ich natürlich eine andre wählen".

Du verstandst mich wieder nicht,
Du zwangst mich also,
Meine Zeichensprache zu ergänzen.
So stieg ich ins Netz
Und blieb in halber Höhe
In den Maschen
Und mit einem Seil band ich mich an
Und richtete mich ein,
So gut es ging.

Du dachtest nun zu Recht,
Dass ich wohl alles deinetwegen machte,
Und du sagtest noch, bevor du gingst:
"Ich habe damit nichts zu tun".

**Ich stand vor einer Frage.**
Die befand sich morgens früh
Auf meinem Weg
Und war mit Händen anzufassen.

"Das ist also meine Frage," dachte ich
Und sah zum Himmel.
Dort entdeckte ich zwei große Entenvögel,
Die die Flügel hastig schlugen
Und in spitzen Pfeilen eilten,
Dann ganz unverhofft
Auf einem Spitzdach, einem Giebel, landeten.

Ich rief zu ihnen:
"Ihr befindet euch im Irrtum,
Euer See kann hier nicht sein".

Die Frage brach im Weg zusammen,
Ohne sich gestellt zu haben
Und versickerte im Handumdrehn im Sand.

Die Entenvögel flogen plötzlich auf
Und waren fort.

Ich würde sicher lange warten müssen,
Um der Frage wieder zu begegnen,
Und ich wusste nicht Bescheid.

Ich stellte auch den Menschen,
Die mir nahe standen,
Meine Frage nach der Frage,
Ob sie selbst vielleicht....

_____

**Ich dachte so**:
Wenn einem Menschen etwas fremd wird,
Wird ihm schließlich alles fremd.

Ich war in fremder Stadt.
Die war mir fremd gewesen
Schon bevor ich ankam,
Fremd war ich in fremder Nacht,
Ich hatte meinen Alltag nicht verlassen.

Ja, die fremde Stadt war Gast bei mir,
Sie war ein Ding auf Wanderschaft,
Ich konnte mich dagegen überhaupt nicht wehren.

Zwischen Stadt und fremder Nacht
Fiel aus dem Fliederbusch
Der Duft auf mich.
Den kannte ich, der war mir sehr vertraut
Und heimatlich
Und war, wie alle Dinge, in Bewegung.

Dinge waren auch die Dinge,
Die nicht dinglich waren.

Sollte man ein Kind,
Das mit zwei Köpfen lebte und gesund war,
Töten?
Viele sagten ja.

Ich dachte schnell an mich
Und wie gefährlich meine Liebsten waren,
Wie ich Tag und Nacht durch sie gefährdet war,
Am meisten durch mich selbst,
Durch meinen zweiten Kopf,
Ein Ding,
Das ständig auf der Suche nach mir war,
Um mich mit mir zu jagen.

**Einer jungen Frau**
Erzählte ich von mir.
Ich fing von vorne an,
Damit sie mich verstehen konnte.

Nachher sagte sie, weil sie mich gut verstand:
"Sie haben also meinetwegen
Mit dem Ende angefangen,
Dass ich sie verstehe".
So ertappte sie mich schnell.

Ich schwieg und sah durch sie hindurch.

An ihrem Glashaus
Waren keine Risse zu entdecken.
Drinnen führte sie den Haushalt,
Den sie für sich machen musste,
Und ich dachte:
"Sie ist nicht so schlimm,
Dass sie in Tötungsabsicht lebt".
Von außen war sie schön,
Fast lieblich anzusehen.

Statt der Antwort fragte ich:
"Wie lebt es sich,
Wenn man in sich alleine lebt,
Wenn man vom Töten leben muss".

Sie sagte:
"Seien Sie mein Gast,
Das Ende ist vorbei,
Wir sind am Anfang,
Und wir können neu beginnen.
Hinter Glas sieht man uns nicht".

Sie hätte mir noch sagen müssen,
Wo bei ihr der Anfang und das Ende waren,
Denn das "Wir"
War sicher eine Falle,
Die sie stellte.

**Man gab mir Essen**,
Weil ich hungrig war.
Es war ein Essen,
Das ich mir nicht wünschte,
Aber dringend brauchte.

Jemand fragte:
"Wo entstehen die Gedanken?
Kann es sein,
Dass sie den Ursprung
Nicht in unsren Händen haben,
Sondern in dem Mund,
In einer Art von Innenhänden,
Die dem Mund so ähnlich sind?"

Das Essen, das ich nehmen wollte,
Wich mir aus,
War nicht zu fassen.
Jemand reichte einen Teller,
Gab mir ein Besteck,
Dass ich nicht völlig hilflos bliebe,
Doch es nützte nichts,
Das Essen war nicht zu erreichen,
Und ich gab es auf.

Man dachte ich sei satt
Und räumte ab.
Ich hätte mich bedanken sollen, dachte ich,
Und dachte auch, wofür, und sagte:
"Danke für die Speise".
Und man nickte höflich:
"Nein, Sie dürfen uns nicht danken,
Das ist doch nicht richtig,
Sondern wir bedanken uns bei Ihnen,
Denn es war ein gutes, großes Mahl,
Und ausgewählt war jede Speise".

So, denk ich,
Entstehen die Gedanken.

**Jahrelang hing ich an einem Band.**
Das war mir immer lang genug
Und nie zu kurz gewesen,
Gab gelegentlich auch nach,
Und heute hatte man es heimlich
Durchgeschnitten.

Neben jenem Schnitt lag noch das Messer,
Das nahm ich in meine Hand.

Es sah nun aus,
Als hätte ich den Schnitt getan.
Es wär ein Schnitt an mir gewesen.

Mit dem Messer in der Hand
Hätt ich nicht klagen können,
Und ich hätte mich auch wegen dieses Schnittes
Nicht beklagen können,
Denn er machte mich ja frei
Und gab mir eine Freiheit,
Die ich sonst nicht hatte,
Eine wahre Ungebundenheit band mich an sich.

"So", könnt man sagen,
"Stelle ich mir meine Freiheit vor.
Man muss doch sehen, zeigen können,
Wo sie anfängt, wo sie endet,
Und sie in die eignen Hände nehmen können".

Alles ging so schnell,
Vom andren Ende war nichts mehr zu sehen,
Es war nicht mehr zu erreichen,
Und ich würde nicht einmal mehr
Einen Knoten mit ihm schlagen können.

---

**Es war nun so,**
Dass sich die Erde abends in dem Weltall drehte,
Weil ich sie nur abends sah,
Sie stand als Mond in meinem Fenster,
Drehte sich
Und ließ mich spüren,
Wie entfernt ich von ihr war.

Die Erde ist nicht alles, dachte ich,
Und würde gerne laut erklären,
Was mich auf die Reise schickte,
Welchem Zwang nach Ferne,
Welchem Zwang nach Einsamkeit ich unterlag.

Ich war hier ganz allein
Und lebte in dem Haus
Mit euch auf dieser Erde.

Meinen Abstand saht ihr nicht,
Ihr dachtet höchstens:
"Manchmal scheint es, dass wir stören",
Doch ihr drangt in mich,
Obwohl ich draußen war.

Ich hielt mir beide Ohren zu.

Ihr wart nicht einzusperren
Und nicht auszusperren.

Meinetwegen hatte ich den Taschengott dabei,
Der war mir stets zur Hand
Und war doch nur,
Damit ich mich um irgendetwas kümmern konnte,
War ein Kümmern um mich selbst
Und brachte weiter nichts.

So spielte sich die Welt,
Die immer kleiner wurde,
Abends in dem Fenster ab.

Das Fenster war im Auge einer Frau,

Die sollte ich erst kennenlernen.

Mir gefielen ihre langen roten Haare
Sehr,
Darin lag schon der Wind.

---

**In den Wendeltreppen unsrer Worte**
Kannten wir uns sehr gut aus,
Sie waren insgesamt
Die Kinderschaukel,
Liebeswippe
Und das lange Tau aus einem alten Baum,
Das, angeknüpft an eine Sitzbank,
Die den Boden nicht berührte,
Weit zum Schwingen kam
Und jeden, der sich darauf setzte,
Majestätisch in die Höhe,
In das Blättergrün, entführte
Und ihn sanft
Und immer schneller werdend,
Dass man ihn nicht halten konnte,
Durch die Mitte schnellen ließ.
Das war schon nah am Boden.

Köstlich waren unsre Worte.

Königlich war es, sie vor dem andren auszusprechen,
Und sie vor
Und vor dem anderen zu hören,
Ja, sie gar nicht erst zu sprechen.

---

**Deine Lippen formten sich**
Zu roten Sicheln eines Doppelmondes.
Zwischen beiden Monden lag ein flaches Glas,
Das trennte sie,
Es war ein Spiegel.
Einer von den beiden mochte also Lüge sein,
Vielleicht war auch das Glas nur eine Illusion.

Ich stieß mit meinem Finger
Zwischen deine Lippen,
Stieß mit meinem Finger auf ein Wasser,
Das ich nicht gesehen hatte,
Und es breiteten sich Ringe aus,
Die liefen schnell bis an den Rand
Und zeigten,
Dass du ganz und gar nicht wirklich warst.

Von kleinen Kindern wusste man,
Dass sie im Spiel,
Wenn sie sich bäuchlings vor die Pfütze legten,
Um hinein zu schauen,
Ohne Widerstand darin ertrinken konnten.

Die Verlockung war sehr groß.

Am Rande trugst du dieses Goldherz,
Das bestand aus einer Doppelreihe
Dunkelroter Steine, aus Granaten,
Die ihr Blut noch tropfen ließen.

Das erinnerte mich
An den Feiertag in einer Religion.

Du hieltst die Hände
Brav in deinem Schoß gefaltet,
Den verschwieg ein schwarzer Seidenrock.

An dir könnt ich das Spiel der Kinder wiederholen,
Wenn du nur den unbedachten Augenblick
Erlauben würdest.

**Wo, so fragte ich**,
Wohnt denn das Böse,
Wenn nicht in uns selbst.

Das Böse ist vielleicht von sich aus böse,
Ist vielleicht nur umgekehrte Hoffnung,
Die stellt sich zum Schein nicht gegen uns,
Die macht sich uns zu dem Besitzer.

Eigenartig ist die Bosheit, die man liebt.

Sie wohnt in völlig eignen Räumen,
Die man kennt und die man nicht betritt,
Weil man sie nicht betritt,
Und woher, frage ich,
Kenn ich mich darin aus.

Die Bosheit kenne ich mit jeder Eigenart,
Mit sämtlichen Facetten,
Und ihr Schrecken ist mir Angst
Und die totale Lust zugleich,
Die Bosheit sind die Dornen,
Die sich langsam in die Augen schieben,
Und die Schreie schreien fürchterlich.

Tagsüber wunderst du dich über mich
Und sagst:
"Du wimmerst ja die ganze Nacht,
Als tobten sich Gefühle auf dir aus.
Wohin vertreibst du deinen Schlaf,
Dass er nicht wacht
Und dich nicht schützt.
Ich kann dir keine Hilfe geben".

Und ich wusste nichts von meinen Nächten
Und bedankte mich bei meinem Schlaf
Für seine Milde.

**In der Nacht erwachte ich**
Von einem grellen Licht,
Das sah ich nicht,
Das konnte ich nur spüren.

Unter mir, so dachte ich,
Würd ich es finden,
Und ich drehte mich
Und sah in meine Kissen,
Sah in eine Mulde.
Eingepresst von meinem Hinterkopf
Fand ich dort ein Relief aus Gips,
Das stand in weißem Licht.

Es war ein Hohlrelief,
Mit dem Profil nach innen.
Es war dein Gesicht,
Du wehrtest dich mit Tränen gegen mich,
Nun hatte ich dich wahrgenommen.

Sprechen konntest du nicht mehr.
Die Tränen standen durchsichtig und klar
In deinen Augen, eine echte Flüssigkeit,
Die tupfte ich dir ab.

Ich sah ins Nachbarbett,
Dort lagst du tief im Schlaf,
Ich konnte dich nicht stören.

Im Relief schob sich dein Zeigefinger
Auf den Mund:
Ich sollte schweigen und ich schwieg.

Du schwiegst im Tränenflor
Und ich im Unverstand.

Dein Finger hatte deinen Mund verlassen.
Außer dem Gesicht
War nichts von dir in meinem Bett.

Ich neigte mich zu deinem Mund,

Der lag tief eingebettet,
Und ich legte Mund auf Mund.

Am Morgen sagtest du,
Du hättest eine schlimme Nacht verbracht,
Ich hätte dich mit einem viel zu langen Kuss
Im Bett erstickt.
Du hättest mich mit gar nichts
Rühren können.

---

**Du bist geschmückt**
Und stehst im Licht,
Das fällt in dein Gesicht

Und Farben leuchten auf,
Ein Dünengras, aus Glas gezogen, sind die Wimpern.

Ich hab dieses Streichholz in der Hand,
Das hab ich noch nicht abgebrannt
Und denke lange nach.

Du dringst in mich
Mit deinen Blicken,
Die sind Netze,
Die, schon ganz zerrissen,
Nichts mehr fangen können.

Wüsst ich doch,
Wie ich mit meinem Streichholz
Brennend unter deine Haut geraten könnte,
Wüsst ich doch,
Wie ich mir Licht in dir verschaffen könnte,
Wüsst ich doch,
Ob wenigstens das schwarze Licht
In dir vorhanden ist,
Dann brauchte ich nicht
Eine Dunkelheit an eine andere
Zu hängen.

---

**Am Bahndamm**
Wuchsen wieder Ackerblumen.
Lange hatte man sie sehr gering geachtet.
Ihre Leuchtkraft überstieg bei weitem
Jedes neue Licht, das man dagegenhielt
Und sagte:
"Seht dies Licht,
Es zeugt von völlig neuen Farben".
Es war nichts dagegen.
Nichts war meine Hand dagegen,
Nichts mein Arm,
Und die bewegten sich doch als ein Teil
Der wirklichen Lebendigkeit.

Die Ackerblumen wuchsen an dem Bahndamm,
Den ich schnell befuhr.

Es war nicht denkbar, dass ich hielte
Um sie zu besuchen.

Dich, du wirst dich noch erinnern,
Grub ich damals mit den eignen Händen aus
Und pflanzte dich zu mir.

Ja, damals war es möglich.
Heute liefe man Gefahr
Als Räuber die Natürlichkeit zu schänden.

Heute, wenn ich Ackerblumen sehe,
Denke ich, dass es ein Fehler war.
Du wuchst im Kunstlicht auf,
Das musste schließlich Schaden bringen.

Meine Tage sind vom Licht durchlöchert
Und total zerstochen.

---

**Unter einer Durchfahrt**
Fiel ein wenig Dunkelheit ins Fenster,
In das Zimmer.
Ja, ich hatte mich erinnert an den Tag,
Der hatte dunkle Augenblicke mitgebracht,
Die standen noch einmal im Raum.

Ihr saht sie auch
Und konntet sie euch nicht erklären,
Und ich wusste gleich Bescheid.

Ich machte also meinen Tag zu eurem Tag
Und sah, dass ich zu viel verlangte.

Ihr erklärtet mir:
"Soeben ist ein großes Ding
In einem Zufall,
Den man gar nicht denken dürfte,
Mit dem Schatten über unser Haus geflogen.
Sonst ist weiter nichts".
Ihr hattet sicher Recht.
Ein Tag ist niemals wie er selbst.
Derselbe Tag ist nie für mich und dich
Derselbe.

Meine Sonne brüllt als schwarze Scheibe
Hinter einer Schallwand,
Die verwandelt auch das Licht ins Weiß.

Von Wesen, die im Freien leben,
Weiß ich es.
Ich weiß es sicher,
Denn ich hab es selbst gesehen und gehört.
Ich darf es nur nicht unter euch erzählen,
Darf auch nicht erzählen,
Dass auf deinen schönen Schultern Flügel wachsen,
Die ich leidenschaftlich gerne
Ausgebreitet sehe.
Dazu muss ich warten, bis du schläfst.

**Meine Sehnsucht konnte niemand stillen.**
Eine Sehnsucht war es,
Die nach Neuem schrie.
Erst kaufte ich mir einen neuen Schreiber,
Danach neue Kleider,
Weiter konnte ich nicht gehen
Und versagte mir die Wünsche,
Weil sie nicht mehr zu erfüllen waren.
Meine Träume gingen um ein neues Haus,
Um neue Zimmer,
Letztlich wünschte ich mir neue junge Menschen
Um mich her.

Ich war ein Tänzer auf dem Seil
Und mied von nun an alles Neue
Und das Jugendliche,
Um nicht abzustürzen.
So traf ich auf einen alten Mann,
Der sagte vor sich hin
Und sprach zum Baum, zur Luft, zu mir,
In Wahrheit weiß ich nicht zu wem:
"So, wie die jungen Dinger möchte ich
Noch einmal laufen können,
Barfuß möchte ich so laufen".
Und er hatte an den Füßen keine Strümpfe,
Sondern nur Sandalen
Und in seiner Hand den Stock.

Die grauen Stoppeln des Gesichtes
Luden nicht zum Laufen darauf ein.

So, sagte ich zu mir,
Sieht deine Sehnsucht aus.

Ich zog die Schuhe und die Strümpfe aus,
Und es war gutes Wetter,
Und ich hatte wahrhaft keine Sehnsucht,
So zu laufen.

Violett, so dachte ich,
Mit warmer gelber Strömung,

Ist die Farbe der Verzweiflung.

Mancher sagte auch von mir:
"Er ist im besten Mannesalter,
Und er macht gar nichts daraus,
Und seine Augen schauen nur nach innen,
Wenn sie in die Weite schauen".

---

**Du hauchst auf eine spiegelglatte Wand**
Und die beschlägt sofort.

Ich frage dich:
"Warum hauchst du auf diese Wand"?

Du schweigst und wischst es wieder aus
Und sagst ganz schnell zu mir:
"Nun du, nun bist du dran".

Ich hauche auch,
Und hauche zart,
Und will es richtig machen,
Auch weil ich, als Mann, dir zeigen muss,
Wie man auf eine Fläche haucht,
Und hauche auf dieselbe Stelle,
Und du siehst mich an
Und siehst, dass ich versage,
Und es zeigt sich nicht der stumpfe Film.

"Der konnte", sagst du mir,
"Nur einmal sein.
Du bist", so sagst du noch,
"Zu gar nichts nütze,
Und ich habe doch nur eine Kleinigkeit
Von dir verlangt".

---

**Immer wieder kam es,**
Dass ich dich um dich beneidete.

Die andren Frauen neben dir
Beneidete ich um die Eigenheiten,
Die sie hatten, so wie du
Und andre Eigenarten,
Die sie ganz alleine hatten,
Und um derentwillen, nur um ihnen nah zu sein,
Ich alles auf mich nehmen wurde,
Jede Quälerei
Und jedes Gitterwerk,
Das schöbe sich dann
Zwischen dir und mir.

Du konntest mich mit nichts beruhigen,
Das wusstest du,
Und du versuchtest es nicht erst,
Und andren gab ich nicht Gelegenheit dazu
Und hing an meinen Gittern.

Hinter einer langen Mauer lagen Gräber,
Die schon lange niemand mehr besuchte,
Selten stieg von denen jemand
In Erinnerungen auf,
Und wer sich hätt erinnern können,
Lag auch schon bei ihnen.

Möglich, dass sich Tote
Überhaupt nicht sehnen und erinnern.

Niemand weiß,
Ob nicht der kleinste Augenblick
Genau so lange währt, wie eine Ewigkeit.

Wenn ich im Auto sitze
Und mit dir an meiner Seite
Sehr schnell fahre,
Greife ich nach deiner Hand.
Du überlässt sie mir.

Ich sehe, ohne hinzuschauen,
Wie du sie mir frei gibst
Und sie von dir trennst.
Ich küsse trotzdem ihren Rücken
Und den Brunnen
Auf der Innenseite.

---

**Einmal sprach ich ganz normal mit dir**
Und dachte an die Kunst,
Die wir für uns entdeckten,
Und die doch schon vor uns war,
Und du erzähltest,
Dass es diese beiden Menschen gäbe, außer uns.

Der eine hätte eingestanden,
Dass er nicht verstehen könnte,
Was ich sagte und wovon ich redete,
Und alles gäbe wohl ein Bild,
Doch bliebe alles unklar,
Und der andre Mensch, so sagtest du,
Fänd diese Bilder
Als die eignen in sich wieder,
Nur dass sie vor mir nicht dort gewesen wären,
Und es wäre fast wie eine Sucht für ihn,
Dass er auf neue Worte von mir hoffte,
Um in sich in die Verliese
Einer unbekannten Galerie zu kommen.

"Ich" so sagst du,
"Habe selten Zugang,"
„Ich," so sagst du,
„Gehe hinter deinen Worten,
Und ich sehe über deine Schulter,
Ob du einen Spiegel trägst,
Dass ich dich sehen kann,
Dass ich dir glauben kann,
Dass ich mir glauben kann,
Dass du es bist,
Der vor mir geht""

---

**Du hattest dich verkleidet,**
Ich erkannte dich nicht wieder.
Erst, als wir im Auto saßen,
Und du so beharrlich schwiegst
Sprach ich dich an:
"Du redest nicht
Und sprichst kein Wort.
Es könnte sein, dass du nicht hier bist.
Gib dich zu erkennen,
Oder habe ich den falschen Menschen eingeladen?"

Die Verkleidung, die du trugst,
War innerlich.
Ich sah nur diesen Zipfel,
Diese Schweigsamkeit an dir.

"Es könnte dir passieren,
Dass du wirklich einen falschen Menschen
Zu dir lädst,
Du würdest es nicht einmal merken."

Einen Blick zur Seite durfte ich,
Schon wegen der Geschwindigkeit des Wagens
Gar nicht wagen.
So sah ich dich nur im Augenwinkel.
Zweifel waren nicht berechtigt,
Aber innerlich...

Ich sah in mich,
Denn wenn die Liebe sich entfremdet,
Wird sich auch das Selbst entfremden,
Und ich sprach mit mir
Und wollte fragen,
Doch ich stieß auch hier auf die Verkleidung,
Und es war kein Fest in mir.

Du sagtest so:
"Es ist zum Schluss die Eigenliebe,
Die die Treue bricht,
Sie lässt uns ganz im Stich.
Es geht dir sicher so."

Dein Platz war,
Als ich anhielt,
Wirklich leer.

---

**Mir erging es so**:
Ich stand mit meinem Rücken an der Wand
Und in der Ecke,
Und die Briefe, die du schriebst,
Erhielt ich ungeöffnet
Und ich ließ sie so
Und las sie nicht,
Sie lagen nur zu meinen Füßen,
Und sie lagen dort bewegungslos
Und rührten sich nicht von der Stelle.

Stiege ich nun über sie hinweg
Und schliche mich davon,
Hätt ich sie gleich im Rücken.

Also stand die Wand,
Die vor mir lag,
Auch vor mir auf.

Ich lebte zwischen Wänden
Und ich lehnte mich an sie
Und hielt mich in der Ecke
An der Ecke fest.

Du wolltest, hörte ich, damit beginnen,
Mir die Briefe einzeln aufzuheben
Und sie vorzulesen,
Und du wusstest,
Dass ich mich dagegen nicht mehr wehren konnte,
Und du wusstest von der
Distanzierten Quälerei,
Und dass ich davon wusste.

---

**Sonst ergabst du dich mir ganz**.
Du sagtest so:
"Ich bin mit zwei Gesichtern
Auf die Welt gekommen.
Eins davon bist du."

Du wusstest nicht,
Dass ich inzwischen schon mit meinem Kopf
An eine Wand gesprungen war.
Dahinter, sagte man,
Befindet sich ein andres Land,
Das breitet sich, wenn man beharrlich ist,
Vor einem aus,
Man muss nur diese eine Wand durchstoßen.

Sonst war niemand da,
Der es genauer wusste.

Also war es dein Gesicht an mir, auf mir,
Das ich entfernen musste.

Als ich mich zu einem Arzt begab,
Erkannte der sofort das Leiden,
Und er riet mir,
Ohne mir zu helfen,
Mich von mir zu trennen:
"Gehen Sie für ein Jahr oder länger
Aus dem Haus."

Er wusste nicht,
Dass ich nach Jahren in der Fremde
Grade heimgekommen war.

Vielleicht, so dachte ich,
Müsst ich den Rat befolgen.

**Neben mir lag eine Frau**
Und schlief.
Ich sagte so zu mir:
"Da liegt die Frau und schläft,
Und es ist deine Frau, die ist dir fremd,
Und ihre Nähe ist vergebens.
Du bist nicht vertraut,
Mit einer Einsamkeit allein zu sein."

Ich wusste auch,
Es lag in diesem Bett
Die eine Einsamkeit ganz nahe an der anderen.
Die eine aber wusste nichts von sich.

Ich holte aus dem Keller eine Säge
Und begann die Doppelbetten durchzusägen.

Doch, das tat ich in Gedanken,
Um die Einsamkeit auf mich zu lenken
Und sie zu vertiefen, mir vertraut zu machen,
Zog, auch in Gedanken,
Aus dem Zimmer aus,
Um mich allein zurecht zu finden.

Ich entdeckte, dass sich meine Einsamkeit
In allem widerspiegelte.

Selbst, als ich, auch noch in Gedanken,
In die Küche ging und einen Teller nahm
Und davon aß,
Aß ich von dieser Einsamkeit,
Die schmeckte fade.

Meine ganze Hoffnung setzte ich auf dich,
Dass du erwachtest,
Dass ich dir von meiner Nacht erzählen konnte,
Und du sagtest gleich:
"Ich habe nicht geschlafen,
Sondern war die ganze Zeit bei dir.
Du bist sehr spät zurück gekommen."

**Ich war im Raum**.
Dort war nicht eine Frage
Nach dem "Oben", nach dem "Unten".
In dem Raum galt ja die Schwerkraft nichts.

Die Zeitung las ich nach wie vor,
Ich musste sie nur richtig halten.

Dabei dachte ich,
Wenn ich sehr lange draußen bliebe,
Würde es am Anfang nicht mehr Anfang sein
Und auch am Ende nicht mehr Ende,
Und man müsste schließlich
Rückwärts denken können
Und es nicht bemerken,
Weil es unbedeutend sei.

Sehr oft hab ich
Den Mangel meiner Existenz bedacht,
Er war der Grund von Missverständnissen mit dir.
Du riefst nach der Vollkommenheit,
Und andre wären anders,
Und es wäre dir das Heute
Näher als das Morgen,
Und du lebtest jetzt, in diesem Augenblick,
Und erst im nächsten wieder weiter,
Unterschiedst noch ganz genau,
Was gestern war,
Was heute ist,
Was morgen wird.

Du legtest die Vollkommenheit in deine Grenzen:
"Wenn du nur ein wenig wärest,
Wie ich mir dich wünsche", sagtest du,
"Du bist nicht auszurichten".

Ich hing schräge von der Decke deines Zimmers
In dem Raum.

**In einer Zeitung schrieb man**
Über die Lebendigkeit,
Das machte mich betroffen,
Und es war ein Nagel,
Der ging durch den Lebensnerv:
Man schrieb von mir
Und meinem Leben.

Alles hatte man gerafft
Und mit den Worten, die es gab,
Beschrieben,
Und was blieb, war eine Häufung
Schwarzer Zeichen, die schnitt ich dir aus
Und sandte sie in einem Briefumschlag an dich:
"Dies bin ich selbst", so schrieb ich,
"Und ich kann nun nicht mehr kommen,
Weil die Schwärze, die ich in mir hatte,
Ausgelaufen ist.
Sie wird sich nicht so schnell erneuern können.
Dich werd ich, so wie du warst,
Erinnern".

Gleich nach dem Empfang des Briefes
Riefst du an:
"Ich habe einen Brief von dir erhalten", sagtest du,
Den hast du abgesandt,
Das steht auf diesem Umschlag.
Aber in dem Brief befindet sich kein Brief,
Nur unbeschriebenes Papier,
Als hätte man es einer unbedruckten Zeitung
Abgerissen,
Sag, was hat das zu bedeuten"?

Ich erklärte es dir so:
"Es ist nicht schlimm,
Ich habe meine Schwärze ganz verloren,
Und es ist sehr schwer das zu erklären,
Es dir auszudrücken.
Du musst dich mit etwas gutem Willen
So an mich erinnern".

**Ich fuhr mit einer Höchstgeschwindigkeit.**
In meinen Händen war das Steuer
Und die Angst,
Und du bliebst nicht zurück.

"Es ist", so dachte ich,
"Auch kein Zusammenhang zu sehen.
Angst und Höchstgeschwindigkeit
Vertragen sich sehr gut
Und lassen sich das Publikum nicht nehmen".

Als wir tanzten blieben meine Schritte stehen,
Meine Füße gingen mit mir fort,
Ich hatte draußen
Kerzen brennen sehen,
Das war weiter nichts als Spiegelei
Des Inneren,
Und deshalb war sie für mich wahr.

Du stießt mich an
Und tanztest mit mir weiter.

Autofahrerei und Höchstgeschwindigkeit
Und Angst und Tanz und Spiegelung
Und
"Dich verlassen, hinterlassen wollen",
Ohne fort zu gehen,
Und sich deiner Führung überlassen müssen...

"Pass doch bitte auf",
Ja, so sprichst du mit mir.
Du greifst mit deiner linken Hand
Vor mein Gesicht
Und ziehst die Fäden fort;
"Mit deiner Träumerei
Gefährdest du uns alle".

Ich denk' immer wieder,
Ob du deinen Unterleib
Aus Ton hast brennen lassen.
Wenn man dich berührt,

Kann man es nicht bemerken.

Später,
Wenn es soweit ist,
Beachte ich nicht diese Kleinigkeiten.

---

**Das Frühstück war schon fast beendet,**
Ich vermisste dich
Und rief nach dir,
Und deine Antwort kam,
War hier, bevor ich fragte,
Und du sagtest so:
"Du isst und trinkst von mir,
Du speist aus mir,
Ja, ich bin deine Speise,
Und, obwohl du alles weißt
Und alles nimmst und hin nimmst, an nimmst,
Willst du mich vermissen.

Frühstückstuch bin ich und dein Gedeck.
Obwohl du alles besser weißt,
Rufst du nach mir".

So kamen Zweifel in mir auf.
Ich konnte es nicht besser wissen,
Und ich dachte so:
'Es wird sich von uns beiden
Einer wohl erheben,
Der erst wird verraten,
Wer dem andren Speisung war'.

Wir hatten gute Plätze
Und wir unterhielten uns
Und sahn auf uns herab
Und hatten viel, viel Zeit
Und wuchsen nach.

---

**Ich las in dir**
Und hielt dich aufgeschlagen.

"Die Kapitel über dich," so sagtest du,
"Sind ungeschrieben".
Deshalb suchte ich.

Ich dachte auch,
Sie wird sich gut erinnern
Und sie nimmt dich wahr
Und wird sich etwas für die Zukunft mit dir denken
Oder wünschen,
Und es gab noch keine Karte über sie,
So war ich auf sie angewiesen.

Jeder Schritt in ihr begann in Dunkelheit,
Und nirgends brannte Licht.

Sie sagte:
"So, wie ich dich kenne,
Wirst du meine Helligkeit nicht sehen
Und nur nach dir selber suchen".

Schlimm ist es, wenn man in Fremden
Auf der Suche nach der Eigenliebe
Unter einem Oberlicht entdeckt und überrascht wird.

So war wirklich nichts zu finden.

Einen Raum schloss ich
Mit einem falschen Schlüssel auf.
Darinnen standen deine Wunschvorstellungen,
Die waren unter Staub
Und unter schwacher Sonne.
Sie betrafen dich und mich.
Man hätte nicht mit Fingerspitzen
Daran rühren dürfen,
Ohne dass sie gleich zerfallen wären.

Gläsern waren unsre Schuhe wieder.

**Heute trägst du einen neuen Rock**,
Der steht dir gut.
Du trägst auch eine neue Bluse.
Schön bist du
Und wenn ich dich mit dir vergleiche,
Bist du so am schönsten.

Von den Blumen, die ich brachte,
Glockenblumen, deren Läuten man nicht hörte,
Von den Glockenblumen, die ich brachte,
Brachte ich ein ganzes Glockenspiel,
Ein Läutewerk,
Das hörte ich mir nachts in aller Stille an.

Ich saß davor am Tisch.
Es musste ruhig sein,
Im Licht war nichts zu hören.

Du passt gut in diese wasserblauen,
Himmelweißen Glockenblumen.

Eines ist gewiss, nach drei, vier Tagen
Fallen alle Faltenröcke ein.

Dann steh ich auf, du kommst ins Zimmer
Und trägst wirklich einen neuen Rock
Und eine neue Bluse.

Beides möchte ich berühren,
Doch du würdest mich an eine Ampel schicken:
"Lauf' nicht einfach über diese
Vielbefahrne Straße.
Denk an die Gefahr,
Sei vorsichtig, bleib drüben.
Später komme ich zu dir".
Ich möchte auch das Knistern deiner Seide
Zwischen meinen Fingern hören,
Und du bist schon wieder aus dem Zimmer.

Zwischen uns wird immerzu Verkehr verkehren.

**Ich ging mit euch, zwei Frauen**.
Ihr wart noch sehr jung.
Ich sprach zu euch,
Weil ihr doch Frauen wart,
Ihr hättet, sagtet ihr,
Schon eng an einem Mann gelegen,
Und ihr wusstet weiter nichts zu sagen.

Mit euch ging, um euch gestellt,
Ein Maschenzaun, dass ihr gefangen bliebt,
So wolltet ihr es haben.

Eure Flügel, sah ich, waren stark beschnitten,
Und ihr sagtet unter euch:
"Wir sehen an dem Flugverbot,
Dass wir in festen Händen sind,
Wir wollen es so haben, wie es ist".

Ihr wusstet nichts von mir an eurer Seite.

Auf der Straße fanden wir ein Glück,
Das hatten andere verloren,
Und ich sagte so zu euch:
"Es ist die Eigenart des Glückes,
Dass man es nicht zwingen kann.
Es läuft dem Glücklichen
Auf eignen Sohlen nach".

Ich hob das Glück vom Boden auf,
Es war ein großes Glück mit einem Namen,
Und mit euch im Schlepp,
Trug ich es dem Verlierer nach.

Der nahm es wortlos, reglos, danklos,
Glücklos, unbewegt entgegen,
Und ich sagte:
"So sieht es nun aus,
Wenn man vergeben muss
Und nicht vergeben kann".

**Ich hätte dich zu gern gefragt,**
Ich hätte dich zu gern' gebeten
Um die Hilfe auf der Suche nach dem Flussbett,
Das mir passen würde.

Alles konnt ich über dich erfahren,
Und ich wusste,
Dass du dich mit deiner Freundin treffen würdest,
Die statt meiner zu dir ging.

Ich gab ihr meine Augen mit
Und meine Ohren,
Meine Nase, meine Haut und meine Hände,
Und ich würde mich, entfernt von euch,
So unbemerkt es ging, verhalten.

Dafür, um ganz still zu liegen,
Brauchte ich das Flussbett.

Ja, ich geb es zu,
Ich dachte nur an dich dabei,
Und wenn die Freundin zu dir spricht,
Sprech ich zu dir,
Und was sie an dir macht, mach ich an dir.

Ich fleh dich an,
Lass alles zu,
Lass mich in dir als meinem Flussbett liegen
Und zerfließen
Und im Sand versiegen.
Später tausche ich mit deiner Freundin
Wieder Haut und Knochen.

Ja, ich muss sie so betrügen,
Denn für sie
Wird kaum mehr übrig bleiben.

---

**Schweigebahnhof.**

Früher konnte ich noch sagen:
"Ich verstehe viel von dir",
Und heute steht die Sonne, wenn sie aufgeht,
In dem Eigenrot,
Das lässt sie fast verbluten.

Nur Sekunden später saugt sie alles wieder auf
Und wird ein greller Lichtfleck.

Über dich läuft eine Schnur
Von Punkt zu Punkt
Und meldet alles,
Was an dir geschieht,
Dass nichts an dir geschieht,
Was dir geschieht.

Ich stehe deshalb still an dir
Und warte, warte einfach ab
Und möchte die Verbindung
Auf dir täuschen,
Möchte, dass du dich mir in Besitz gibst
Und es selbst nicht merkst,
Und keine Läuterei an dir
Soll Warnsignale geben,
Nicht von Vornherein verbellen,
Was sich nähern möchte.

Schweigen soll auf deinem Bahnhof
Einfahrt haben können.

Die Signale,
Die du an die Gleise stelltest,
Jedes Halteschild will ich umfahren
Und geschickt umgehen.

**Wir standen Hand in Hand**
An einem Hang,
Der stürzte sich mit einem falschen Schritt
In ungewisse Tiefe
Und lag vor uns angelehnt an einen Berg.

In Wahrheit aber war es so:
Du hieltst mir deine Hand
Geneigt und schräge an die Wange,
Um mich abzustützen.

Eine meiner Hände lag in deinem Schoß,
Wie sollte ich die Liebe
Anders an dir rufen können.

Du verstandst dich gut
Und hattest dich mir überlassen.
"Viel", so sagtest du, "ist noch zu tun.
Ich hol mich nachher wieder ab bei dir".
Bei mir blieb deine Schwester, Selbstverfremdung,
Die schlug ihre Beine über,
Sonst kam sie mir sehr entgegen.
Sicher hatte sie sich alles einstudiert.

Wir machten keinen falschen Schritt
Und neideten dem Berg
Die Höhe nicht.

Als du zurück kamst,
Waren wir noch an der gleichen Stelle.

Jetzt erst sprang ich
Über die Begrenzung meiner Sehnsucht.
Einem Aufschlag eilte ich entgegen.

**Es ging um deine Landschaft.**

Eine Eigenlandschaft ging, so sagtest du,
Um dich, und dass du über
Bäume, Büsche, Blätter sprachst,
Von Tieren, die auf deiner Landschaft lebten,
Von der Erde, von dem Wasser,
Von dem Feuer.
Das, so sagtest du, sei nur symbolisch,
Beispielhaft,
Um mehr Verständnis für dich selbst
Zu finden.

Ich hab dir von Anfang an
Kein Wort geglaubt.
Ich sah ja, wie du heimlich
Deinem Körper neue Adern zogst.
Es ging dir nicht um eine Landschaft im Vergleich,
Es ging um dich direkt.
Die neuen Adern, sah ich,
Konnten nichts erhalten,
Sondern sie veränderten und waren besser.

Unterirdisch, musste ich vermuten,
Trugst du sicher schon das ganze alte Leben ab
Und schüttetest ein neues auf,
Das würde bald nach oben brechen.

So schlecht, wie du vorgabst,
Waren deine alten Adern nicht.
Ich dachte auch,
Wenn erst dein Herz erneuert wird,
Bist du doch selber neu
Und lebst in einer Landschaft eines fremden Gartens,
Der war angelegt von dir,
Gepflegt von dir, von dir erhalten,
Und du hättest nichts mit ihm zu tun.

Du, eine Frau in besten Jahren,
Trugst den federleichten Strohhut,
Darauf wuchsen frische Blumen,

Die ernährten sich von dir darunter.

Sonst war überhaupt kein Platz
An dir.

---

**Ja, es ist wahr**.
Ich hatte sie um sich gebeten,
Und ich gebe es dir zu.

Sie hatte sich an mich gelehnt
Und ihren Kopf auf meine Schulter.
Sie vergrub sich in dem Nest,
Das sie mit ihren Haaren darauf schuf.
Ich hätte gern darin gelegen
Und beneidete sie fast darum
Und sagte so:
"Du hast es gut,
Weil du dich immer bei dir hast",
Und fragte noch einmal:
"Darf ich dich um dich bitten,
Weil ich sehr nach dir verlang".

Sie schlug in ihrem Nest die Augen auf,
Die waren lange schon auf mich gerichtet,
Und es gab, das dachte ich,
Nichts, was dagegen sprach.

Aus ihrem Mund kroch langsam und gewissenhaft
Das "Nein".

Dann schloss sie ihre Augen wieder,
Legte ihre eignen Arme eng an sich,
Und zeigte mir
In ihrer Suche nach dem Neuen,
In dem Widerspruch, im Widerstand,
Die Liebe, die sie hatte.

---

**Deine Wünsche waren ähnlich**,
Und es wär dir schon genug,
Um mich zu wissen, sagtest du,
Und legtest mir zur Sicherheit
Die Arme als den Ring um meinen Hals,
Und meinem Mund ließt du an dir
Die große Auswahl,
Bis du wieder kommen würdest.

Tag und Nacht lag ich vor deinem Mund
Und deiner Brust und nahm nicht an.
Es dauerte,
Bis du dich wieder sehen ließt,
Dann löstest du den Armring ab von meinem Hals.

So waren deine Wünsche.

"Wie", so fragte ich,
"Soll ich von deinen Wünschen etwas ahnen,
Wenn du sie sich selber überlässt,
Sie hängen mir am Hals
Und lassen mich nicht atmen.
Ginge ich ins Wasser,
Wären sie kein Rettungsring".

Es waren meine Zweifel,
Die nach unten zogen.
Später, als wir lernten,
Weil du lernen wolltest,
Stießen deine Finger in mein Fell
Bis auf die Haut,
Und meine Finger suchten jede Nische an dir auf.

Wir wurden Lava, so erinnerte ich mich,
Und flossen ineinander.
Diese Zeit war kurz
Und führte zur Versteinerung.
Die lastet heut auf uns.

**Einmal, sah ich,**
Betetest du eine rote Sonne an,
Du hofftest, dass sie Heilung brächte,
Und ich wusste doch,
Du hattest einen Glauben,
Der hätt diesen Götzen nie erlaubt.
Es musste eine schlimme Krankheit sein,
Die in dir fraß.

Ich fragte weiter nicht
Und war besorgt und sprach dich an:
"In mir ist eine rote Sonne aufgegangen,
Die verlangt in ihrem Strahlen immer neue Nahrung,
Und ich kann sie ihr nicht bringen.

Es ist möglich,
Dass sie sich woanders sonnt
Woanders Nahrung raubt.
Sie wird in ihrer Wahl
Vor keinem Menschen halten",
Und du wusstest gleich Bescheid,
Und sagtest nichts zu mir,
Und wieder sah ich dich
Und diesmal hastiger vor dieser roten Sonne beten,
Und in mir entstand tatsächlich
Dieses warme Sattgefühl,
Ein Wohlgeruch von Strahlen,
Den man aus dem Frühjahr kennt.
Ein Ansturm ungeheuren Wachstums
Brach aus mir hervor,
Das blieb dir nicht verborgen.
Deine rote Sonne
Hatte dich fast ganz genommen,
Irgendwie verzehrt,
Und doch war sie zu deinem Ebenbild geworden.
Sie wurd du, und deine Heilung sagtest du,
Sei deinem Glauben zu verdanken.

Unsre leeren Hüllen ließen wir zurück.

---

**Wenn sich Steine treffen**,
Wenn sie sich begegnen, meine ich,
Dann werden sie sich grüßen.
So ein Gruß wird lange dauern,
Länger als ein Menschenleben.
Danach erst beginnen sie
Sich auszufragen über Dinge
Und Begebenheiten,
Die wir Menschen nicht verstehen können.

Auf dem Friedhof
Finden diese Reden unter Steinen statt.

Ein Grabstein,
Den man seit Jahrzehnten sah,
War von den Wurzeln einer Eiche,
Schließlich von dem Stamm des Baumes,
Den man damals viel zu nahe pflanzte,
So umschlungen worden,
Dass der Stein im Wachsen dieses Baumes
Angehoben wurde,
Und er lebte nun in der Umklammerung
Und über seinem Boden
In der Luft
Im Baum.

Der Abstand war nicht groß,
Und trotzdem sagte man:
"Auf diesem Friedhof gibt es einen Grabstein,
Der lebt ganz entwurzelt in den Wurzeln
In der Luft
Im Baum
Und zeugt von Tod und Leben".
Viele Menschen kamen
Um ihn zu besuchen.

Abends, wenn ich eilte,
Um aus deiner Hand zu essen,
Dachte ich an dieses Kunststück:
Wie wär es zu schaffen,
In die Hand,

Die du mir so entgegenstrecktest,
Unter meine Speise,
Die schon darin lag,
Den Kuss zu legen.

Immer wieder schlug ich dir im Ungeschick
Zuvor das Essen aus der Hand.

---

**Ähnlich war es im Ballett,**
Und andren ging es so wie mir.

Ich hätte die Bewegungen der Tänzer
Und der Tänzerinnen fassen, greifen mögen,
Nicht sie selbst
Und nicht die Leiblichkeit der Körper,
Nein, nur ihre Leichtigkeit
Mit der sie sich vom Boden trennen
Und im Tanzen schweben konnten,
Diese Schwerelosigkeit, so dachte ich,
Müsst man berühren können,
Und du sagtest so zu mir,
Und alles, was du sagtest, glaubte ich dir auch:
"Du überforderst mich in allem,
Und nur deine Nähe stellt mich in den Hagel
Spitzer Funken,
Die mich treffen,
Ja, die schlagen ein in mich".

Das, dachte ich,
Zeigt doch, wie sehr gefährdet Dinge sind,
Die sich so ganz und gar
Der eigenen Gefahr
Entzogen haben.

---

**In dem blauen Himmel**
Stand nur eine schwarze Wolke,
Eigentlich hätt ich sie gar nicht übersehen können.
Daher kam ein Blitz,
Der traf mich ahnungslos.

Du riefst mich an
Ich ging zum Telefon
Ich hatte jeden Tag an dich gedacht,
Und jeder Tag war eine neue Quälerei gewesen.
Ja, ich hatte Angst vor dir und gab es zu
Und musste sie erklären
Und erklärte sie umsonst,
Du glaubtest nichts von dem.
Ich musste mich dir zeigen, wie ich war.

Der Apparat,
Nach dem ich griff, zu hören,
War der Blitzschlag selbst,
Der traf mich hart.
Du warfst den Hörer unerwartet in die Gabel,
Früher, als gewollt.
Ich hatte dir noch vieles sagen wollen,
Doch ich stand im Strahl,
Der sich an mir mit mir verbrannte.
Dann erst fiel mir ein,
Was ich dir hätte sagen können.

Draußen stand ein Rollstuhlfahrer,
Der mit dem Gefährt
Nicht über diese kleine Schwelle kam.
Man redete ihm ein,
Wenn er den Mut besäße und den Willen,
Und den Willen zeigen würde,
Könnten ihn die eignen Beine tragen,
Und er war auch wirklich überzeugt
Und auch davon,
Dass ihm danach im Fallen
Keiner helfen würde,
Keiner wurde helfen können.

**Mit deinen Worten fiel der Wind**
Aus allen Segeln,
Und ich war doch auf der Fahrt.
Du saßst mit mir in einem Boot.

Der Wind, auf den wir angewiesen waren,
Blieb ganz aus.

Ich glaubte wirklich,
Dass wir so in Zweisamkeit
Alleine bleiben würden.
Alles hatte ich an dir liebkost
Und kostete noch immer deine Liebe,
Und wir kamen nicht voran.

Du dachtest selbstverständlich,
Wie es besser wäre,
Wenn es anders wäre,
Und ich dachte, wie es wieder wäre,
Wenn es wäre, wie es war.

So waren wir zu viert,
Das hatte uns den Wind gekostet.

Vorne, sah ich,
Brach das Boot schon auseinander.
Unsre Zeit war kurz bemessen,
Die Gedanken dachten anders.

Jeder glaubte sich
Und war im Recht.

Mein Gott, es würde doch nicht dazu kommen,
Dass sich jeder an den andren täute,
Dass sich jeder zum Ertrinken
Seiner Illusion bedienen musste.

**Dann wieder wünschte ich mir**
Du zu sein.
Ich würde so erfahren,
Ob sich deine Liebe wirklich konzentrierte,
Oder ob es nur
Die Sehnsucht nach dem Unerfüllten war,
Die in dir tobte.
Ich vermied dich lang,
Um nicht im Übergang in dich zu flüchten.

Von der Straße sah ich hoch
Zum spitzen Turm der Kirche.
Der stand zitternd in dem Flimmern einer Sonne
Dicht dahinter.
Die war nahe dran, so sah ich es,
Ihn in sich aufzunehmen.
Meine Augen unterschieden immer weniger
Das Schwarz des Turmes
Von dem grellen Goldfluss,
Und der Turm entschwand dem Blick.

Ich schloss die Augen
Und wurd Opfer meiner Neugier,
Wurde aufgesogen,
Und vor meinen Augen tanzte eine dumme Blendung.
So erfüllte sich mein Wunsch
Und war doch nicht Erfüllung.

"Manchmal", sagtest du,
"Siehst du mich an,
Als blicktest du voll Lust am Untergang
In eine Sonne
Und vergisst, dass ich die Nacht bin,
Die sich eigne Lichter schaffen muss".

Die Glut in ihr stand still
Und war geronnen.
Niemand konnte eine neue Liebe
Prophezein.
Ich ahnte nur,
Dass sie in einer großen Selbstverbrennung

Stand,
Die war nicht aufzuhalten
Und nicht zu erfüllen.

---

**Manchmal, wenn ich ausgeschrieben bin**,
Schmerzt mir das Handgelenk.
Ich kühle es mit einem Stück Metall.
Es reicht dafür die Halteklammer
Eines Kugelschreibers,
Lege sie auf meine Haut.
Es schlägt Metallisches an das Metall,
Dass ich erschreckt.

Ich weiß sofort,
Dass ich ja keine Schmerzen hatte haben können,
Also keine hatte.
Alles war wie immer eine Illusion.
Ich bin zu dumm, um zu begreifen.
Die Gelenke unterstehen meiner Wartung nicht,
Und ihre Handarbeit geht mich nichts an.

Ich könnte mich an mir beenden,
Doch ich müsste dafür meinen Anfang finden.

Einmal hatte ich dir meine Sorge anvertraut.
Du sagtest:
"Sieh doch zu,
Dass du auf einem Kuriositätenmarkt
Dein Bild verkaufst,
Der Preis ist unerheblich,
Nimm, was man dir gibt,
Und wenn es sein muss,
Gib noch was dazu".

Ich hatte nichts mehr zuzugeben,
Alles war doch schon durch mich ersetzt.

---

**Zu mir sagst du**:
"Du bist das Kind von einem Kind,
Und wenn du groß bist,
Wirst du erst zum Kind.
Von meiner Kunst verstehst du nichts
Und nichts von meiner Not".

Ich liebe Treppen,
Deren Stufen keinen Sichtschutz haben,
Wo man zwischen jeder Stufe
Freien Durchblick hat und Tiefen sieht,
So kann ich weit, weit unter Brücken sehen,
Werde selbst zur Brücke, die sich spannt,
Den Rücken freigibt zum Betreten
Und zum Überfahren.

Du gabst schneller an dir auf als ich an mir.
Du maltest deinen Oberkörper
Mit der weißen Kreide an die Wand,
Und alles, was darunter war,
Die Hüften, Schenkel, Beine, Füße ließt du stehen,
So aus Fleisch und Blut,
Wie sie es waren.
Diese Wand war an der Straße,
Schloss an meine Brücke an.
Ich sah, was du mit dir geschehen ließt.

Dein Oberkörper hatte sich weit abgesetzt
Und wartete an andrer Stelle wieder auf,
Dort hattest du den Unterkörper hin gemalt,
Und mich belehrtest du, ,
Dass man "es" auch im Stehen machen könnte.

So verletztest du mich schwer.
Mich traf nicht, dass du dich verteiltest
Und "es" machtest,
Sondern, dass du Rache an mir nahmst.

Zuhause hatte ich dich nachgemalt
Und bunt und farbig dargestellt.

---

**Das ist wahrhaft schlimm.**

Durch mich hast du den Schmerz erfahren,
Der war nicht wie sonst,
Wenn Schmerzen sich
Lokalisieren lassen.

Dieser Schmerz entstand durch mich in dir,
Er wurde ferngezündet, wie du sagtest,
Und er wäre nicht entstanden,
Wäre ich so nah es eben ging,
Bei dir gewesen,
Dann, so sagtest du, hättet du
Den größten Schmerz von mir
Mit Freudentränen in den Augen
Und von Herzen gern empfangen.

Ich saß weit entfernt
Und hatte mich von dir entfernt
Und wollte dir den Schmerz ersparen
Und schlug mit der Stirn
Auf einen ungedeckten Tisch,
Der musste dich ersetzen.

---

**Es war ein Zufall,**
Der dich nah an meine Seite rückte,
Und ich stahl dir vom Geruch der Haare,
War so nah an ihnen,
Dass ich fast in ihnen war;
So nah kam ich sonst nur noch der Geliebten,
Die war dieser Zufall,
Die blieb trotz der Nähe immer fern.

Es war kein Unterschied.

Es kam sehr schnell,
Dass wir uns liebten,
So, wie wir uns liebten.

---

**Vor uns gingen Schranken nieder**,
Schranken sind die Grenzen,
Die sich in die Höhe ziehen lassen,
Schranken existieren nur vor der Gefahr,
Sie schützen Reisende vor denen,
Die nicht reisen oder umgekehrt,
Und Schranken schützen sich vor sich
Und trennen.

Eigentlich sprachst du von meiner Sprache,
Und ich konnte nichts erwidern.

Immer wieder grubst du in Vergangenheit
Und zeigtest Altes neu,
Das machtest du mit meinen
Und gemeinsamen Erinnerungen.

Ich verlangte zu vergessen.

Damals war ich Instrument gewesen,
Nur ein Ding, auf dem man musizierte.
Heute spiele ich mich selbst
Und kann auf mich verzichten.
Damals hatte ich die Sprache,
Dass ich denken konnte.
Heute denke ich und habe eine Sprache,
Die erlaubt mir alles Denkbare zu sagen.

Vor mir fuhr ein Wagen,
Der kam an die Gleise,
Und der Fahrer sah das Warnlicht nicht.
Nur seinetwegen, weil er vor mir fuhr,
Vor mir das Unbeschrankte überfuhr,
Kam er statt meiner um.
Dir wäre in demselben Wagen nichts passiert.

Die Schranke, die ich meine,
Hat in Zweifachexistenz
Nur einmal existiert.

**Dem Kind zerbrach ein liebes Tier**
Aus einer Glasmenagerie,
Das sollte ich nun kleben,
Und "ich klebte", wie ich zu mir sagte,
"Eine Liebe, die entfliehen wollte,
Die sich durch den Tod entfremden wollte".
Dieser Flucht stand niemand bei,
Man steht auch nicht
Bei einer Flucht, wie dieser,
Soweit kannte ich mich sehr gut aus.

Ich hatte dir von hinten meine Hände
Auf die Brust gelegt,
So sah ich nicht in dein Gesicht;
In jeder Hand lag eine Frauenbrust.

Ein andres Mal bestand ich drauf,
Das Licht zu löschen.
Auf der Jagd nach Essen
Hatte ich dir vielfach schon
Den Schädel aufgebrochen,
Doch für mich lag nichts
In deiner Speisekammer.

Dieses Glastier kam mir recht,
Ich weckte es zu neuem Leben auf.

Ein andrer Schädel voller Köstlichkeiten
Lag noch eingepackt.
Ich hätte ihn mir rauben
Und dabei den eignen Kopf verlieren müssen.

Doch so lange in der Nähe
Glasgeschöpfe unter Kinderhand zerbrachen,
War ich unentbehrlich.

Irgendwann würd ich mir sicher glauben
Und die Flucht beenden.

**So war es für mich zu schwer**
An dich zu denken.
Erst, als ich mich niederbeugte,
Meinen Mund zu deinem neigte...
Nein,
Denn eigentlich war ich zuvor schon ich.

Ich hatte an den Durst in mir gedacht,
Der sehnte sich gestillt zu werden.
Ja, dann trank ich
Wie man trinkt, wenn man das Falsche trinkt,
Und trank vom Sand,
Der ließ sich nicht verschlucken,
Steckte trocken in dem Mund, der Kehle,
Klebte an den Lippen.

In der Mulde, die ich hinterließ
Verrieselten noch Tausende von gelben Körnchen,
Die entließ der Hang.

Warum wirst du mir Sand
Und drohst, mich zu ersticken?
Mitten im Gespräch wirfst du den Hörer auf,
Vernagelst meinen Mund,
Der wollte doch noch etwas sagen.
Stumpf sind deine Nägel,
Dass ihr Durchstich schmerzt.
Vergib mir, Sand,
Dass ich dich schlucken musste.

Irgendwann bevölkert unsre Erde wieder etwas,
Dass wird dich genüsslich fressen
Und verdauen können.
So schluck ich an dir und mir und würge,
Und wir bleiben uns im Halse stecken,
Sind noch viel zu roh und unverdaut
Und in der Überlebenskette
Glied an Glied.

**Du bist mein Schiff der Wiederkehr,**
Ich kann nicht von dir lassen,
Und du sagst zu mir:
"Ich weiß von mir nicht,
Wie es ist, wenn ich verlassen bin.
Du bist der Mast in mir,
An dir hängt Segelzeug
Und alles, was mich treibt.
Könnt ich,
So würd ich meinen Untergang beschließen,
Könnt ich, wie ich wollte,
Käm ich frei von allem, was mich treibt
Und schwimmen lässt.
Ich wäre wahrhaft ohne Wiederkehr,
Du müsstest von mir lassen."

Ich sah noch am selben Abend
Einen Mond an eine Felswand rasen,
Holte dich
Und zeigte dir das Himmelsspiel.
Du sagtest:
"Ja, so hab ich es gemeint.
Nun warte, bis ich neu erscheine,
Denn ich möchte dir ein unerreichter Stern
In unerhörter Ferne sein.
Den abendlichen Untergang wirst du
Nicht hindern können,
Dein Verlangen wird mich nicht erreichen."

Schon am nächsten Morgen
Stand ich auf demselben Felsen,
Lauerte dir auf.

Du wusstest ohnehin,
Dass ich dich nicht passieren lassen würde.

Deine Arme hattest du schon vorsichtshalber
Ausgebreitet.

**Ich will das Haus verlassen,**
Und ein kümmerlicher Draht
Mit einem Widerhaken hakt sich in mein Hemd
Und reißt es ein
Und lädt mich neu ins Haus.

So ist ein Widerhaken höchstes Glück.
Ich stürme über eine Treppe
Noch einmal zu dir,
Du liegst noch so
Und konntest dich nicht vorbereiten,
Und du fragst nach mir,
Als kenntest du mich nicht:
"Ich denke du bist fort",
Und unter deinem rosa Hemd
Begeh ich eine warme Dünenlandschaft,
Werfe mich ihr in den Sand,
Und dir erkläre ich
Und spreche dabei unter Wasser,
Dass du heimlich lachst:
"Ich wünschte dir,
Dass du nur einen Tag
So im Begehren nach dir leben müsstest.
Deine Kleider rissest du dir
Nur bei deinem Anblick schon vom Leib".

Dann beiß ich dich
Und beiße doch nicht zu
Und du schreist auf
Und schreist doch nicht zu laut
Und handelst wieder etwas aus,
Dass ich nun endlich geh,
Dass ich ja wieder kommen kann
Und willst dich schonen,
Und die Schonung, die du brauchst, so sage ich,
Werd ich dir geben
Wenn ich wiederkomme.

Draußen reißt derselbe Draht
Mir noch die Oberlippe auf.

---

**Eines Tages zeigtest du mir Silberfäden.**
Damit hätte man an dir genäht,
Nicht irgendwelche Wunden oder Narben,
Sondern deine ganz normalen Nähte,
Und du zeigtest eine gute Arbeit.

Silberfäden hattest du genug
Und in Reserve,
Und du könntest dich bei einem Einriss
Selbst versorgen.

Morgens riefst du deinen Hund ans Bett,
Der war dir treu ergeben,
Und du kraultest ihn,
Und mit den Augen sprach er auch zu dir.

Ich dachte an die Silberfäden,
Die dich überall zusammenhielten,
Wenig später wärest du vielleicht aus Goldpapier.
Wie sollte ich mich dann an dir bewegen,
Und ich würde dich nicht knittern dürfen,
Falten dürften sich an dir nicht zeigen,
Und ich käme nicht mehr an die Tränke deiner Haut.

Selbst dort,
Wo ich noch hätte fündig werden können,
Stieß ich jetzt ja schon
Auf Netze deiner Silberfäden.
Die verhinderten, weil du es wusstest,
Meinen Mord an dir,
Und Schutz um Schutz
Gewannst du so aus mir vor mir
Um meinet- und um deinetwillen.

---

**In dem Garten sitzt ihr Frauen,**
Und ich hab es schwer,
Die wahre Sonne zu entdecken;
Immer müsst ihr euch an einer Blendung messen,
Immer wollt ihr heller sein
Als eure eigne Helligkeit.
Um das zu sehen, reicht euch schon
Ein Taschenspiegel
Oder die Besinnungslosigkeit des Mannes.

Ich bereite meiner Sonne Schmerzen,
Meine Sonne wecke ich noch nachts.
Ich lasse sie danach am Bettrand untergehen,
Lege sie zuvor in mein Geäst
Und lass sie mich verbrennen.

Selbst dabei besprecht ihr Frauen
Euch noch im Detail,
Tauscht Eitelkeiten aus.

Es stört euch,
Dass die Rückenlage viel
Von eurer Schönheit nimmt,
Und rätselt wiederum an dem Geheimnis,
Warum Schönheit sich nicht selbst genügt,
Und wenn,
Dass sie dann nicht nach außen dringt.

Die Schuld gebt ihr der Kleidung,
Und ich falle ein und sage,
Dass die Kleidung wirklich stört.

Ihr meint, das wüsstet ihr,
Und das, wovon ihr redetet,
Wär eine andre Kleidung,
Die trügt ihr noch,
Wenn ihr nichts mehr trügt.

Wer die Libelle ehelicht,
So sagt ihr,
Müsste über dieses räuberische Fluginsekt

Viel wissen,
Und die Flügel dieser Schönheit
Darf ein Mensch nicht
Putzen wollen.

---

**Ich dachte auch**,
Um endlich Ruh zu haben,
Müsste ich mich aus dir rauben.

Also war es so.
Ich sagte:
"Heute Nacht schlaf ich,
Um dich zu schonen,
In dem schonungslosen Raum,
Der nimmt auf mich gar keine Rücksicht,
Und ich werde dich alleine lassen",
Und ich meinte,
Dass ich sie für eine Nacht vergessen könnte.

So schnitt ich mich vor dir durch
Und ließ mich halb in dir
Und halb in mir.
Aus dir war ich mit nichts herauszubringen,
Und du wusstest es und sagtest nichts,
Und sangst im Bett ein Kinderlied
Und summtest seine Melodie.

Der schonungslose Raum ist außerhalb von dir.
Ich bog dich so zu mir heran,
Mich so in dich hinein,
Dass dir die Luft versagte.
Dabei flüsterte ich leise:
"Nie werd ich die Teilung überwinden können".
Ohr an Ohr lag
Leib an Leib.

Die Münder sprachen nicht mehr über sich
Und richteten sich auf das Essen ein.

---

**Man übertrieb,**
Als man die Schrauben, die man in mich zog,
Die mich zusammenhalten,
Außen sichtbar ließ.
Die blanken Köpfe stecken mir, so sieht es aus,
Im Leib.

Man weiß natürlich schon,
Was sie bedeuten.

Du beruhigst mich und sagst:
"Es macht doch gar nichts aus.
Durch mich zog man gleich zweifach
Flaches Stahlband,
Das verspannt mich über Kreuz in meinem Rücken,
Wer es wissen will,
Kann es sofort erfahren.
Ohne diese Bänder wäre ich nicht ich,
Und ohne deine Schrauben wärest du nicht du".

Ich hatte davon wirklich nichts gewusst
Und nichts von der Notwendigkeit
Und hatte mich als Sonderfall betrachtet
Und mich so betrogen.

Andren seh ich nun, seitdem ich sehen kann,
Die Stützen nirgends an.

Wenn ich dich in den Armen halte,
Taste ich in deinem Kreuz
Nach diesem flachen Band, um es zu fühlen,
Und du sagst:
"Du musst und kannst getrost
Ein wenig tiefer in mich dringen.
Dort stößt du auf meine Haut,
Gleich unter meiner Haut,
Und dort musst du beginnen".

**Ich gab dir recht**,
Denn Schuld entsteht durch andere.

Du bist nur aus Papier
Und reißt leicht ein,
Und steckte ich dich an,
Verbrenntest du vor meinen Augen
Schnell und lichterloh.
Die Asche würde durch die Hitze,
Wegen ihrer Leichtigkeit,
Vom Boden abgehoben werden.

Als ich dich befragte,
Wusstest du von der Gefahr
Und tausend andre fielen dir noch ein.
Dann lachtest du und sagtest:
"Glaubst du, du bleibst unentdeckt
Und unverbrannt?
Du bist nur eine kleine Zündung
Und blitzschnell als Lichtstich abgetrennt.
Komm mit, dass ich dir zeige,
Was ich meine".

So gelangten wir in einen Tunnel,
Der war dunkel und in diesen Stunden
Nicht befahren.
An die Tunnelwände maltest du
Im Taschenlampenlicht,
Gezogene, gestreckte Bilder,
Farbig, schwarz und weiß.
Wir sahen alles nur im Lichterkegel.

Als wir andern Tags
Die Strecke schnell passierten,
Standen deine Werke in Bewegung und Lebendigkeit
Als Lichtstich an der Wand,
Beleuchtet durch das helle Fahrzeug.

So hast du mich abgetrennt,
Um mich mir zu beweisen.

**Alles sprach dagegen.**
Selbst die Dinge, die ich in die Hände nahm,
Verweigerten sich mir.

Es fiel ein Glas zu Boden und zerbrach,
Die Kleidung passte nicht mehr zueinander,
Keine Ordnung war mehr
Aufeinander abgestimmt
Und wurde eine fremde Ordnung ohne mich,
Es störte jeder Schritt von mir darin.

Es fraß, das war der Grund,
Sich eine mörderische Sehnsucht an mir satt,
Und schlimm war ihre Unersättlichkeit,
Und dass sie schneller nachwuchs
Als sie sich verzehren konnte.

Meine Sehnsucht wuchs und wuchs
Und gab mir keinen Grund, kein Ziel,
Kein Wissen, keinen Anlass, nichts,
Und wuchs, so schien es mir,
Um ihrer selbst.

Ich tat mir schließlich etwas an,
Dabei vergaß ich sie
Und stand sekundenlang betäubt
Von einem neuen Schmerz,
Der hatte die Gelegenheit,
Den andren Schmerz zu überlagern.

Meine Sehnsucht suchte in den Schmerzen
Schutz vor mir
Und ich im Schmerz vor ihr.
Ich dachte auch, dass Schmerzen über Schmerzen
Doppelt Polster wären oder dreifach Polster
Doch ich wusste nicht für wen
Und nicht vor was
Ich ohne Schmerzen wäre,
Wenn ich schmerzlos wäre.

**Ich legte Wert darauf, dich einzuholen,**
Weil du für mich wertvoll warst,
Du warst mir unersetzlich,
Diesmal wurde ich zum
Mund aus Glas am Rand aus Fleisch.

In großer, meisterhafter Kunst
Schlugst du die Arme, schnell gekreuzt,
Vor dein Gesicht und neigtest dich nach vorne.
Es war Angst.
Du sagtest:
"So geht man zur Schlachtbank,
Wenn man Schlachtvieh ist".
Dann warst du in Versuchung,
Mir die Beile deiner flachen Hände
Ins Gesicht zu hacken,
Ließst es aber sein
Und legtest sie statt dessen,
Ohne dass ich widerstand,
So eng um meinen Hals, als hättest du nun vor,
Mich zu ersticken.
Deine Kunst erlernten andere in Jahren nicht,
Du warst perfekt.

In deinem Rücken kreuzten sich
Die Träger deines Kleides.
So bist du:
Um zu gewinnen,
Steigst du auf die Schlachtbank
Und zeigst vor der Eigentötung
Deine Kreuzigung im Rücken
Und in dem Gesicht.

Ich nehme dich, weil du mir unersetzlich bist,
So wie du bist,
Und bringe auch die Kraft, dich aufzubiegen, mit,
Und ich vergesse meine Selbstverletzlichkeit,
Missachte sie
Und auch die ersten Splitter meines Mundes,
Die beginnen, sich in dich zu fressen.

**Andern Tags beschwör ich mich**
Und flehe mich um Rücksicht an.
Die Rücksicht brauche ich für mich,
Und Nachsicht sollst du auf mich gießen,
Und ich denke:
"Schlimm ist es,
Und schwer wird es für dich".

Der Abstand zwischen dir und mir
Ist kaum gewachsen,
Und es gab doch Opfer unter uns.
Du hast mich wieder aufgerichtet,
Deinen Leib geschlossen
Und gezeigt, wo er zu öffnen ist
Und mir den Schlüssel ausgehändigt,
Eine Schnur an ihn gehängt,
Als gäbest du mir dreimal "Lebenslänglich".

Ich erkenne nicht, wofür und nicht warum
Und sehe nicht, ob du mir Strafe gibst,
Vielleicht, so denke ich,
Gibst du mir dreimal "Freiheit",
Und ich kann sie nicht erkennen,
Weiß sie darum nicht zu nutzen.

Deine Worte, die sehr freundlich klingen,
Hängen mir den Schlüssel um den Hals:
"Nun geh mit mir,
Sei meinetwegen dreimal ‚Lebenslänglich‘,
Doch verrat mich nicht,
Nicht jeder muss es wissen."

Du vergisst,
Dass mich dort drüben eine andre Frau erwartet,
Die, und das bist du,
Nimmt mir als erstes mit denselben Worten
Deinen Schlüssel ab:
"Den wirst du wohl nicht brauchen".

**Glauben mochte ich dir nicht**.
Du warst die Tür,
Die sich mit ihrem Rahmen
In ein Glas verbissen hatte,
Und die schwang im Öffnen und im Schließen
Alle Spiegelungen mit sich fort.

Ich hatte Mühe
Mich im letzten Zittern jedes Stillstands
In dir zu behaupten.
Einmal sagtest von dir:
"Ich lebe als das Fernweh.
Das sucht überall, nur nicht in seiner Nähe".

So warst du mir auf der Spur.

Man fertigte die Uhren neuerdings aus Steinen,
Aus Achaten, aus Graniten,
Ja, aus Edelsteinen,
Und ich sah sofort,
Dass man der Zeit mit einer Art Versteinerung
Entkommen wollte.

Du gingst gleich,
Um so ein Ding zu kaufen,
Das wog schwer am Arm,
Die ganze Zeit wog schwer,
Und du sahst nicht,
Dass ich mich auskristallisierte,
Fern im Raum an deiner Seite stand,
Und den Sprung, den Riss im Steingehäuse hoffte,
So im Stillstand in dem Wettlauf stand
Mit deinem Fernweh.

Einsicht konntest du nicht haben.

Deinen Rock schlug dann ein jäher Wind
Vor deine Augen, über deinen Kopf,
Du streiftest ihn, so hastig wie es ging,
Zurück.

**Beim Verlassen unsres Gartens,**
Nein, es ist dein Garten,
Den du meinetwegen pflegst,
Nun, beim Verlassen irgend eines Gartens,
Der mich kannte,
Kam ich an die Pforte.

Du, im Morgenmantel,
Der war gestern noch dein Abendkleid
Und in der Nacht das Silberlicht
Das sich vom Mond gesandt,
Auf schwarze Häuser legte,
Du, im Morgenmantel,
Saßt am Frühstückstisch.
Ich trank den Tee aus dir
Und suchte mit der andren Hand
Nach dieser Gartenpforte.

Hier im Garten, hier am Frühstückstisch,
War jeder Baum in Porzellan gefasst,
Und Düfte waren aus Metall.
Die Pforte, musste ich befürchten,
War auf irgendeine Wand gemalt.
Es könnte gar nichts nützen,
Wenn sie sich mir öffnen würde,
Immerzu war sie mir Heimkehr.

Schließlich sagtest du:
"Du musst jetzt gehen,
Wann willst du sonst wiederkommen".

Das ist wahr.
Ich denke nie an Wiederkehr,
Und Pforten öffne ich in meinem Leben
Nie von außen.

Meine Wände, unsre Wände,
Irgendwelche Wände
Habe ich mit Pforten, Durchgangspforten, Gartenpforten
Übervoll bemalt.

**Ihr wart im Tanz ein Paar,**
Das musste sich zu Tode tanzen.
Manchmal unterschied ich nicht mehr zwischen
Wirklichkeit und Liebe,
Zwischen Fetzenkleid, das dir zerriss,
Und heilem Leib, der eigentlich,
Mit Rissen übersät, zerbrechen müsste.
Beide musstet ihr in Liebe töten,
Beide solltet ihr den Tod der Liebe überleben,
um daran zu sterben.

Eure Münder wurden neben euch
Ein neues Paar, ein eignes Paar,
Das wurde Zentrum der Bewegungen und Drehungen,
Und hob der Tänzer seine Tänzerin,
So blieb ihr Mund mit Worten angefüllt
An seinem Ohr,
Und er durchwanderte die Haare,
Die sie über ihn ergoss.

In Wahrheit wusste jeder, der euch sah,
Dass ihr die Liebe zu dem Ebenbild im andren suchtet
Und vor Spiegeln tanztet.

Würfe man in euch nur einen Stein,
Wär euer Tod ein wahrer Tod,
Ihr bliebt im Schauspiel stecken.

Als ich heimkam
Aß ich eine Henkersmahlzeit
Und schlug mit der Axt den ersten Spiegel,
Der mich zeigte,
Ein.

———————————————————————

**In der Nacht kam ich zu dir**,
Und ich bekannte meine Lügen,
Und du musstest dein Erstaunen unterdrücken.
Schwer war es für dich gewesen,
Meine Wahrheit anzunehmen,
Und du hattest gleich gezweifelt,
Um nicht zu verzweifeln.

Jetzt war es fast umgekehrt:
Du warst verzweifelt,
Nur um nicht zu zweifeln,
Und du fragtest:
"Ist denn gar nichts wahr geblieben"?
Und ich dachte nach.

In deiner Frage steckte nur die Frage
Nach der Wahrheit.
Fragen nach der Lüge hatte ich,
Das war ein Unterschied.
Und so gesehen
Wandelte sich meine Wahrheit,
Und ich sagte:
"Über mir scheint eine Sonne ohne Unterlass.
Ich bin der Schwimmer in dem Wasser,
Und ich spüre deutlich
Die Erwärmung seiner Oberfläche.
Unter mir befindet sich ein eisiges Gewässer".

Dann bekannte ich:
"Es könnte sein,
Dass Wahrheit als ein Rauch durch Ofenrohre zieht,
Doch das erfährt kein Mensch.
Es könnte sein,
Dass ich in mir verbrenne,
Und, was ich dir sage,
Ist nicht für dein Ohr bestimmt,
Und recht hast du,
Wenn du nach Resten meiner Wahrheit fragst,
Und gestern, als ich log,
Sprach ich die Wahrheit,
Heute, wo ich dir bekenne,

Schneide ich mir
Meine eigne Kehle durch
Und will das Herz des Ofens
In mir brennen sehen".

---

**Vor uns**,
Und somit zwischen uns
Steht eine Dose Kaltgetränk,
Die werden wir uns teilen.

Nicht, weil du sie nicht so gerne magst,
Und nicht, weil ich bescheiden bin,
Und nicht, weil wir so bettelarme Leute sind,
Nein, aus, ich weiß nicht was für einem Grund,
Entschieden wir uns nur für eine Dose,
Wir entschlossen uns für uns für eine.

An der Wandung dieser Dose
Steht die Feuchtigkeit als mattes Blank.
Das siehst du an und siehst,
Dass man mit bloßen Fingern
Auf ihm malen kann,
Und du versuchst es erst auf deiner Seite,
Und du malst ein Bild,
Das ist nicht auszumachen,
Und du malst es weiter,
Und du setzt es auch auf meiner Seite fort
Und drehst die Dose, die schon offen ist,
Und hast sie rundherum bemalt
Mit unsichtbarer Fingermalerei
Und hast mich nicht gefragt
Und hast nicht nachgefragt,
Ob du auf meiner Seite malen darfst,
Und diese Dose hatten wir doch für uns zwei
Gekauft.

---

**Ich denke daran**,
Dass dir schwarze Blätter wachsen.

Deine Hand krault mir
Das kurze Haar am Hinterkopf.

Wir sitzen in dem Wagen,
Und das Lenkrad halte ich,
Und die Geschwindigkeit, mit der wir fahren,
Ist sehr hoch.
Ich denke an den kleinen Augenblick
Der Unaufmerksamkeit.,
Der könnte tödlich sein.

Dein Zeh steigt mir am Bein empor,
Und schiebt den Hosenstoff mit sich,
Und ist ein Finger,
Der malt Bilder in den Sand.

In deinen Augen gähnt die Langeweile.
Hätte ich die Hände frei
Und wärst du frei für mich von dir
Und nicht nur frei für dich von dir,
Ich hielte auf dem Seitenstreifen an
Und öffnete dir heute noch die Augen.

So bedenke ich,
Dass du aus Plastik bist
Und dass du eine neue Mode trägst,
Die steht dir wunderbar.
Du kannst zufrieden sein.

Ich werde dir,
Auch wegen dieses Steuers in der Hand,
Von mir
Kein Sterbenswörtchen sagen.

Ich hab' dabei geschwiegen,
Ganz auf dich vertraut
Und sehe nun,
Dass du mich gar nicht siehst,

Und ich, dass müsstest du doch sehen,
Sitze eng mit dir an einem Tisch,
Und niemand außer uns ist hier
Uns auch nicht zwischen uns zu sehen.

---

**Ein Schlinggewächs,**
Das um den Handgriff deines Aufgangs rankt.

An dir empor,
Mein Blick,
Der sich nicht schnell genug
In eine Höhe schießen kann,
Und dessen Sturz nicht schnell genug
Ins Tal geschieht
Und der in der Vermutung nach den Höhlungen
Sich irrt und sucht und findet
Und doch gar nichts finden kann,
Was kann ein Blick schon finden
Oder gar,
Was kann ein Blick als Finderlohn verlangen.

Ich erinnerte mich an die Frau, die sagte:
"Ich würd ihm die Genitalien waschen
Und mit ihm wär ich wohl im Verkehr,
Doch ließe ich ihn sonst
Nicht nah an mich
Und würde alles tun,
Dass wir uns nie entdeckten,
Dass wir immer voreinander
Im Geheimnis blieben".

---

**Über mir, weit in dem Blau,**
Gleich neben meiner Sonne,
Standen weiße Wolken.

Heute wollte ich das Blau,
Die Sonne, weiße Wolken
Ganz in Ruhe lassen und nicht stören,
Nicht dran rühren.

Liebevoll gedachte ich der Schürze,
Die du manchmal trugst.
Sie war ein Fetzen Traum aus Kindertagen,
Der war aufgehängt zum Trocknen,
Weil die alten Träume manchmal nässten,
Und ich hatte nichts dagegen.

Wolkenränder lösen sich aus dieser Ferne auf
Und werden nichts.
Erst morgen, sagst du,
Hast du wieder Zeit.
Mein Augenblick fragt nicht nach dir.
Heut ist ein Sommertag in meinem Kopf.

Die letzte Nacht war qualvoll,
Weil ein Arzt, den ich nicht liebte,
Grundberührung mit mir übte.
Ich war wieder selbst der Arzt
Und der Patient,
War die Vergangenheit, der Traum, die Quälerei,
Der Schlaf
Und die Vergeblichkeit des Weckens.

Jemand prüfte meinen Fahrschein,
Der war echt und wahr,
Und ich war Wirklichkeit,
Und trotzdem wurde nichts von allem anerkannt.

Mit einem letzten Kraftakt
Pustete ich alle Wolkenschiffchen
Auf die Reise.

**Mein Heimweh war daheim geblieben**.
Irgendwelche Menschen,
Ich war auch dabei,
Versuchten sich, durch Sumpf und Moor,
Um die Erinnerung den Ringkanal zu ziehen;
Trocken wollten sie die ganze Gegend legen,
Die uns immer wieder einfiel.

Heimweh war Erinnerung an Wirklichkeit
Und Fernweh die Erinnerung an Unbekanntes.
Beides wollte ich in einem Atemzuge
Wiedersehen.

Meine Welt war eingeteilt in
Schuld und Unschuld,
Nicht in Gut und Böse oder
Himmel oder Hölle oder
Außen- oder Innenhaut,
Wie sie die Menschen trugen.

Heimweh hielt ich in den Händen.
Heimweh, Fernweh waren eins,
Wie Schuld und Unschuld eines sind,
Die Pole meiner Moore.

So beweg ich mich auf dir
Und hab's gelernt, mit langer Stange
Nach dem Grund zu stoßen.
Fiele ich herab,
Wär keine Rettung vorgesehen,
Weil Erinnerung nach Wirklichkeit
Und Unbekanntes nach dem Recht verlangen,
Weil mein Fernweh sich an dir erfüllen muss.
Ja, ich verlange,
Dass du mir nicht hilfst,
Wenn ich an dir durch dich hindurch versinke.

**Ich beugte mich zu einem Spiegel nieder.**
In der Glätte eines Auges
Trieb die Barke einer Wimper.
Noch kam Wind nicht auf.
Doch,
Würde sich mein Lid darüber schieben,
Müsste ich den Schmerz sofort empfinden.

Deine Haut war übersäht mit Schiffchen,
Rüschen deiner Spitzenkleider,
Falten deiner Stoffe,
Falten deiner Haut in jeder Beuge,
Wasserschnellen der Bewegung.
Schmerzlos trieben sie auf dir.

Ich machte mich zum Fisch in den Gewässern
Und kam an die Oberfläche,
Schwamm direkt in deine Frage:
"Überall bist du in mir, an mir, auf mir.
Wo bleibe ich dabei"?
Ich überhörte nicht den Vorwurf
In der Stimme.

"Du vergisst," so sagte ich,
"Dass jede Sonne räuberische, mörderische Tage hat,
Und du hast auch nicht überall Geländer
Mich zu führen".

Leise strandete die Barke einer Wimper,
Dass ich sie entfernen konnte.
Ich sah nun ganz ungestört in meine Augen.

"Brauner See", so dachte ich,
"Kann Angst verbreiten".
Nichts war schlimmer,
Als in mir ein Bad zu nehmen.
Außerdem geriet ich dabei auf die Einflugschneise
Schneller Blicke.
Die ließ rücksichtslos Maschinen
Landen, steigen.

**Die Leute sprachen viel von Liebe**,
Sprachen von dem Bleistiftstrich,
Der schien durchs Blatt Papier,
Lag auf der andren Seite,
War von unterwärts gezogen,
Schien nun durch und war nicht zu ergreifen,
War nicht anzugreifen.
Die, die ihn gezogen hatten,
Mussten auf der andren Seite leben.
Soviel wusste man,
Auch wenn man Unterwärts nach oben drehen würde,
Käme man nicht ans Geheimnis,
Auch, dass man es nur durch "Davon reden",
Nicht beschwören konnte.

Viele Leute sprachen von der Liebe,
Die sie für die Liebe hielten,
Und sie sprachen Tag und Nacht darüber.
Viele Leute sprachen nur am Tage
Von der Liebe,
Nachts war sie vergessen.
Viele Leute lebten nachts in ihrer Liebe,
Und sie dachten bis zum nächsten Abend
Nur an sie.

Man sagte so:
"Die Liebe wird den meisten ganz bewusst,
Weil sich Bewusstsein
Durch die Liebe steigert".

Mir war alles falsch.
Ich stand in hellen Flammen,
Und ich wusste nicht warum,
Ich wusste nicht, was an mir brennen konnte,
Und mein Alter hielt sich mir
Die Hände vor die Augen.
Morgens zogst du
Deinen Morgenmantel vor mir zu.
Dir war es lange noch nicht spät genug
Für heute Abend.

*Weitere Veröffentlichungen von Harald Birgfeld im Verlag:*
*Books on Demand GmbH, 22848 Norderstedt*

**and I said to myself, what a wonderful world**
*36 Gedichte mit fantastischen Inhalten, 44 S. Format A5*
**Für dich...**
*43 Liebesgedichte und 15 Augen-Blicke, 32 S. Format A5*
**Gedichte, veröffentlicht in ausgewählten Anthologien, und**
**Namenlos von meiner Insel, 42 Briefe**
*Lyrik, 112 Seiten, Format A5*
**Honigweißer Duft**
*14 fantastische Gedichte, 32 S. dabei 14 farbige Seiten, Format A5*
**Sofortige Lähmung**
*112 Gedichte aus dem Innersten, 72 S. Format A5*
**Unter einem Mikroskop**
*36 Gedichte für eine parallele Welt, 28 S.*
**Von Haut zu Haut**
*132 Gedichte: Was macht meine Liebe an dir und an mir mit mir*
*und mit dir? Liebeslyrik. 48 S. Format A5*
**Wo die schwarzen Blätter wachsen**
*129 erotische Gedichte? 76 S. Format A5*

---

*Prosa:*
**Die Tätowierungen der jungen Tanja W.**
*„Die Tätowierungen der jungen Tanja W." handelt von der*
*Selbstsuche und Selbstfindung einer jungen Frau,*
*132 S. Format A5*

---

*Ingenieursarbeiten:*

**Fünf Veröffentlichungen/Five Publications (deutsch/englisch),**
*32 S. Format A5*
*Theorie und Utopie der eigenen Zeit,*
*Theorie und Utopie der anderen Zeit.*
*Die Zeit der Gleichungen ist vorbei*
*Societ lyrics, was ist das?*
*Folienbilder-Entstehung*
**Kleine Fibel Arbeitsschutz** *(für die praktische Arbeit) an:*
*„Hochschulen"/ „Kindergärten"/ „Schulen".*

---